»Was kann man von einem großen Hund lernen? Eine Menge. Über Mut und Mitgefühl, Liebenswürdigkeit und Lebenslust.«
Dies ist die Geschichte einer Hündin, die nicht nur liebend gern Schuhe zerkaut und die Polizei in Alarmbereitschaft versetzt, wenn sie sich einsam fühlt, sondern ihrem Herrchen dazu verhilft, seinen Traum Wirklichkeit werden zu lassen. Es ist eine verrückte, aber wahre Geschichte, nicht zuletzt auch über das Wesen der Freundschaft.

»Nick Hornby für Hundefreunde« *NDR*

Dan Dye und Mark Beckloff sind Begründer der »Three Dog Bakery«, einem erfolgreichen Unternehmen mit über dreißig Filialen in Kanada und den USA.
Sie leben mit ihren drei Hunden in Kansas City, Missouri.

Unsere Adresse im Internet: www.fischer-tb.de

Dan Dye / Mark Beckloff

Ein Hund namens Gracie

Mit Illustrationen von Meg Cundiff

Aus dem Amerikanischen
von Astrid Becker

Fischer Taschenbuch Verlag

Für Gracie
und jeden anderen besten Hund auf der Welt

Veröffentlicht im Fischer Taschenbuch Verlag,
einem Unternehmen der S. Fischer Verlag GmbH,
Frankfurt am Main, Mai 2002

Lizenzausgabe mit Genehmigung des
Argon Verlags, Berlin
Die amerikanische Originalausgabe erschien 2000
unter dem Titel »Amazing Gracie«
im Verlag Workman Publishing, New York

Satz: LVD GmbH, Berlin
Druck und Bindung: Clausen & Bosse, Leck
Printed in Germany
ISBN 3-596-15282-8

https://threedog.com/about/our-story/

Vorwort

An einem eiskalten Januartag, als ein Energiebündel in Form einer acht Wochen alten Deutschen Dogge in unser Leben trat, ahnten wir nicht, dass sie unsere geschäftliche Beraterin und geistige Mentorin werden sollte. Sie war ein Albino, taub und auf einem Auge fast blind. Sie kränkelte oft. Doch ihr anhängliches und großmütiges Wesen veränderte schon bald unsere Vorstellungen, Laufbahnen und Schicksale. Sie brachte uns bei, an uns selbst zu glauben.

Wir sind bekannt geworden, weil wir mit der Three Dog Bakery erfolgreich sind. Die wenigsten wissen aber, dass wir alles einem gigantisch großen tauben Hund namens Gracie zu verdanken haben. Dies ist jedoch kein Buch darüber, »wie man es schafft«, auch wenn Gracie den Samen unseres Erfolgs gesät hat. Dies ist die Geschichte einer Hündin, die unter einem falschen Stern geboren wurde, deren leidenschaftlicher und freudiger Charakter ihr aber dabei geholfen hat, etwas, das ein richtiges Hundeleben hätte werden können, in einen Triumph dessen zu verwandeln, was Hunde ausmacht – und im Verlauf der Geschichte zwei Typen zu retten, die dachten, sie würden sie retten.

Mark Beckloff und Dan Dye

Gracies Rute war zunächst lang und echt und später kurz und echt, um die Hündin zu beschützen, die mit ihr wedelte, und diejenigen, die sie liebten. Wie diese Rute wurden nebensächliche Kleinigkeiten wie Namen, Orte, Daten und Ereignisse verändert oder verknüpft, um Leben und Empfindungen der Unschuldigen und der nicht ganz so Unschuldigen zu schonen.

Kansas City Blues

B*lues* ist ein harmloser Ausdruck dafür, wie ich mich fühlte. Ich muss wie das Abziehbild eines Trauernden ausgesehen haben: ein grauer Sonntagnachmittag im Spätnovember, ich in einem zerschlissenen Jogginganzug und mit einem Dreitagebart, zusammengesackt auf einem Liegesessel von Sears, der fast noch so gut aussah wie an dem Tag in meinem ersten Jahr auf dem College, an dem ich ihn von einer Müllkippe erlöst habe. Was mir eigentlich noch fehlte, war eine halb geleerte Whiskeyflasche, eine Krähe auf der Schulter und ein von filterlosen Kippen überquellender Aschenbecher, um das Bild zu komplett zu machen: MANN BETRAUERT VERLUST EINES GELIEBTEN MENSCHEN. Es machte nichts, dass der geliebte Mensch in Wirklichkeit die beste Freundin meiner Kindheit war – meine 18 Jahre alt gewordene Hündin Blue. Und wenn das Telefon den ganzen Tag klingelte, ich saß nur rum und starrte es an. Ich versuchte gar nicht, den Leuten aus dem Weg zu gehen. Ich hatte einfach nichts zu sagen. Außer zu Blue. Und sie konnte mich ja nicht mehr hören.

Unter meinen Freunden und Familienmitgliedern gibt es keine Diplomaten oder Absolventen von Benimmschulen, und ihre Versuche, mich wegen Blue zu trösten, hatten meistens den gegenteiligen Effekt. »Sie ist jetzt wahrscheinlich glücklicher« war ein Dauerbrenner zusammen mit »Du kannst dir ja jederzeit einen anderen besorgen« – aber nichts ging über »Gott sei Dank, dass es nur ein Hund war!« Nur zwei Leute schafften es, dass es mir nach dem Gespräch mit ihnen nicht noch schlechter ging als davor. Eine von beiden war Anne, meine Freundin und Co-Werbetexterin in der Midwestern Company, deren heiß geliebter Golden Retriever, Arthur, erst vor ein paar Monaten gestorben war. Der andere war Mark Beckloff, mein bester Freund, neuer Mitbewohner, zukünftiger Geschäftspartner. Der Inbegriff des gesunden Menschenverstands, ein Bedenkenträger sondergleichen und ein Abgrund des schlechten Geschmacks.

Mark und ich hatten gerade ein Haus gekauft, eine verfallene Villa auf der Holmes Street im Herzen von Kansas City. Wir wollten sie renovieren und irgendwann profitabel verhökern, um den Kies für unsere Geschäftsidee aufzubringen – sowie wir auf sie stoßen würden. So lange, bis wir es uns leisten konnten, woanders zu wohnen, war dies unser Zuhause – es sei denn, einer von uns verklagte den anderen vorher noch schnell auf Schadenersatz, und das war etwas, was ich fast nie in Erwägung zog. Nach Blues Tod lebten wir nicht in der hundefreien Zone, denn es gab da noch Sarah und Dottie, alias »die Mädchen«, Marks Obolus zu unserem Hundehaushalt. Er bildet sich ein, ihr menschlicher Begleiter zu sein. Eine Überprüfung der Wirklichkeit ergibt aber: Die Mädchen sind Marks stolze Besitzerinnen. Sarah ist eine zwei Jahre alte schwarze Labrador-Mischlingshündin, die immer gut drauf ist, vor allem aber dann, wenn sie auf etwas kaut, was Mark am nächsten Tag anziehen muss. Dottie ist eine unbeherrschbare Naturgewalt in der trügerischen Gestalt einer vier Jahre alten Dalmatinerhündin. Dottie hinterlässt eine Spur der Verwüstung, wenn sie guter Stimmung ist. Nur an ihren Punkten liegt es, wenn sie nicht mit einem Tornado verwechselt wird.

Sarah, Dottie, Mark und Anne gaben mir das, was ein Trauernder am meisten braucht: allein gelassen zu werden und ab und an ruhige Gesellschaft. Eines eiskalten Morgens ein paar Wochen darauf machte mir Anne ein weiteres wunderbares Geschenk außer ihrer stillen Anteilnahme: Ablenkung.

Es war an einem dieser bitterkalten Spätjanuartage, an denen man sich zu fragen beginnt, ob 30 Zentimeter Schnee der Kälte vielleicht die Schärfe nehmen würden. Anne, die immer sagt, ihr Blut sei zu dünn für die Winter in Missouri, kam ins Büro und sah für die Jahreszeit unpassend glücklich aus. Die lustige und energiegeladene Mutter von zwei Kindern hat so eine Ich-sag's-euch-wie-ich's-sehe-Ehrlichkeit. Sie wurde an ihrer Schule zur Ballkönigin gekürt und hat eine Art zu flirten, die mich an eine Kellnerin in einem Schnellrestaurant erinnert – du weißt genau, dass sie es nicht ernst meint, aber du kommst dir trotzdem irgendwie besonders vor. Und einmal im Schaltjahr überkommt mich das unheimliche Gefühl, dass sie meine Gedanken lesen kann.

Angesichts der Minusgrade machte mich ihre gute Laune stutzig, und ich fragte sie, was los sei. »Nichts!« gab sie strahlend zurück. Wie ihr Wochenende gewesen sei? »Gut!« Als ich schließlich zu wissen verlangte, was hier gespielt wurde, tat sie ganz entrüstet: »Kann ein Mädchen denn nicht einfach mal glücklich sein? Ganz grundlos? Oder gibt es hier ein Gesetz gegen Glücklichsein?« Da wusste ich, dass ich mir weitere Versuche sparen konnte, und ging an meine Arbeit zurück, ohnehin eine gute Idee, denn wir standen kurz vorm Abgabetermin der Anzeigen-Kampagne für die »Oh! So! Delikato!«-Produkte.

Die Produktlinie »Die Oh!riginalen«: »Löffel für Löffel Italien«, »Löffel für Löffel Spanien« und »Löffel für Löffel Orient« wurde ausgebaut. Anne vermutete, dass die Originalitätsexperten der Firma in monatelanger zermürbender Feldarbeit in Taco-Bars und Chopsuey-Spelunken quer durch den Mittleren Westen die schwere Menge Spesen gemacht haben mussten. (Eine Marktstudie hatte uns gerade eröffnet, dass unsere Werbelogans: »Oh! So ist es buen-o!« und »Ach, so! Es ist Oh! So!« einfach nicht das wirklich Fremde heraufbeschworen, was die meisten Käufer exotischer Dosensuppen so schätzten.)

Anne ging mit einem unbekümmerten »Bis später, Süßer« zu Mittag, aber eine gute Stunde später war sie noch nicht zurück. Ich hetzte kurz los, um mir eine Pizzaecke in der Pizzeria Rusticana abzugreifen.

Als ich zurückkam, kauerte Anne unter ihrem Schreibtisch. Ich begann mir gerade Sorgen zu machen, ob ihr der Druck der Oh!-So!-Kampagne allmählich den Verstand raubte, da kam sie schwankend unter dem Gewicht von etwas, das wie ein kleines Pony aussah, auf die Füße. Strahlend sah sie auf die Kreatur in ihren Armen. Ein sich windender und noch kleiner Doggenwelpe namens Merlin.

Er sah unheimlich witzig aus mit seinen kakaobraunen Augen, einem stahlblauen Fell mit dunkler Maske um die Schnauze, die wie eine Welpenversion von Fred Flintstones Fünf-Uhr-Schatten wirkte. Seine Ohren waren gerade kupiert worden, und man hatte sie mit einem Verband flach an den Kopf geklebt, was mich an die Haube von Whistlers Mutter erinnerte. So wie er zappelte, hatte man den Eindruck, Anne hätte Juckpulver auf sein Fell gestreut. Alles kitzelte ihn – wenn ein Welpe lachen kann, dann hatte er einen mittelschweren Lachanfall. Dabei kicherte Anne eigentlich schon genug für beide, und zu allem Überfluss gab sie in ihrem heiseren Alt auch noch Barfrauen-Sprüche wie »Baby, wo warst du denn mein Leben lang?« von sich. Es war, als habe jemand meine reife, schlagfertige und verdienstvolle Kollegin durch eine schlagfertige

Siebenjährige ersetzt. Wenn Merlin ein Mann gewesen wäre, hätte ich mir Sorgen über seinen Einfluss auf sie gemacht, aber die Absichten eines Welpen zu verkennen, ist unmöglich. Als ich ihnen zusah, löste sich der Oh!-So!-Abgabetermin in Luft auf.

Er war nicht mal zwei Monate alt und sein Körper war noch klein, aber er platzte regelrecht vor Welpenenergie und war außer sich vor Freude, lebendig zu sein. Als ich ihn in den Arm nahm, verschmolz all das Wunderbare, was ich an Blue vermisste, zu einer erstaunlichen und unbeschreiblichen Kraft. Ich spürte sie in Merlins Herz pochen. Ich fragte mich, ob ich diese Kraft je wieder in meinem eigenen Leben erleben würde.

Anne war wie ausgetauscht. In dieser Woche kam sie jeden Tag ins Büro und sprudelte über von Geschichten und Polaroids von Merlin in Aktion – wie er gebadet wurde, wie er mit der dreckigen Wäsche kämpfte, wie er seine eigene Rute anknabberte, wie er aß, schlief, atmete …

Die Temperatur war seit fünf Tagen nicht über minus 30 Grad gekrochen, aber Honolulu-Annie hatte das kein einziges Mal auch nur erwähnt, geschweige denn, dass sie es als persönliche Beleidigung auffasste wie sonst. Ganz offensichtlich war Merlin der Grund dafür. Ich sah, wie süß er war und wie viel Freude er ihr machte (»Ja, genau, wirklich mitten auf den Teppich. Hinreißend.«), aber gegen Ende der Woche wurde mir bewusst, dass ich ihre Freude nicht teilte. Ich fing an, meine Augen zusammenzukneifen und mit den Zähnen zu knirschen, wenn ich sie lächeln sah. Es war eine kaum merkliche Veränderung, aber sie nahm sie wahr.

»Geht dir was auf die Nerven, Schätzchen?«

»Was? Mir? Nie!«

»Bist du da ganz sicher?«

»Klar.«

»Vielleicht kannst du es nur nicht ausdrücken?«

»Hör mal«, fuhr ich sie an, »wenn in meinem Unbewussten irgendwas nicht stimmen würde, meinst du vielleicht, ich würde das nicht merken?«

»Hmmm. Na ja. Sag's mir einfach, wenn dir was auf die Nerven gehen sollte. Okay?«

Das war eher unwahrscheinlich. Ich fühlte mich, als hätte sich meine beste Freundin verliebt. Plötzlich hatte sie das Licht ihrer Scheinwerfer auf wen anders gerichtet, sie, die mir bis dahin all ihre Aufmerksamkeit geschenkt hatte – und zwar auf ein Wesen, dessen Schnauze meistens in einem Napf mit matschigem Kraftfutter steckte. Merlin war eine lebende Erinnerung an all das, was ich mit Blue verloren hatte. Es kam mir so vor, als hätten alle meine Bekannten einen Hund, und als seien sie alle ziemlich glücklich darüber. Selbst zu Hause ließ mich das nicht los, denn Mark hatte ja die Mädchen. So wie sie an ihm klebten, konnten es allerdings auch seine Schatten sein. (Allerdings haaren richtige Schatten nicht, und sie betteln auch nicht, wenn man sich was zu essen macht.) Auf ihre Art waren die Mädchen schon gut drauf, vor allem wenn man eine Ader für hyperaktive, narzistisch-pubertäre Wahnsinnige in Hundegestalt hatte – was auf mich mehr oder weniger zuzutreffen schien. Obwohl Sarah und Dottie immer anhänglicher wurden, konnte ich den Gedanken doch nie loswerden, dass sie eben nicht Blue waren, und dass sie mir außerdem genau genommen nicht gehörten, auch wenn wir alle zusammen unter ein und demselben undichten Dach wohnten.

Um Punkt zwölf klingelte mein Telefon. »Hör mal, Dan, ich hasse es, dich zu nerven.« Anne war dran. Sie rief mich von der andere Seite des Zimmers an. »Aber ich habe ein Problem, und ich brauche dringend deine Hilfe.«

Ich schwang herum, um sie anzusehen, sprach aber in den Hörer. »Was für ein Problem?«

»Na ja«, sagte sie mit einem ernsten Blick. »Es geht um Merlins Schwester. Sie braucht unsere Hilfe.«

Es klang wie ein Anruf von der Gerechtigkeitsliga. Ich versuchte, mich ganz herumzudrehen, wobei ich aber nur das Telefon auf meinen Fuß fallen ließ. »Wie bitte? Merlin hat eine Schwester?«

Fünf Minuten später saßen wir in meinem Auto.

Gnadenfall Gracie

Als wir zitternd in meinem fünf Jahre alten und teils auch geheizten Hyundai (Füße des Fahrers) zum Züchter fuhren, erzählte mir Anne, dass Merlins Schwester aus dem Wurf übrig geblieben war. Niemand wollte sie haben, weil sie taub war. Ich weiß nichts über Annes Stammbaum, aber es würde mich nicht überraschen, wenn von jedem Ast Missionare baumelten. Ihre Augen glühten mit dem Eifer der Gerechten, und ich fühlte mich wie ein Heide in ihrem Visier.

Ein Doggenzüchter, stellte ich mir vor, wohnte in einem allein stehenden, stark verwitterten Bauernhaus, vielleicht mit einer Scheune, die in einen Zwinger umgebaut worden war. Es gab auch einen Landarbeiter – Clem –, der uns misstrauisch beäugte, sowie wir aber nach den Hunden fragten, erhellte ein warmes Lächeln seine wettergegerbten Züge. Dann würde er uns fragen, ob wir gekommen seien, um »ein Lüttes aus dem letzten Wurf zu holen«, uns »die Straße ein stückweit hoch« schicken, wo wir den »alten Herrn« – Zeb – finden würden. Okay, vielleicht habe ich als Kind zu oft *Lassie* gesehen. Deswegen war ich auch überrascht, nach einer langen Kieszufahrt vor einem winzigen länglichen Haus aus den 50er Jahren anzugelangen. Beim Einparken erkannte ich, dass die Garage in eine Art Partyraum umfunktioniert worden war, und dass man die Garagentüren durch Schiebetüren aus Glas ersetzt hatte.

Ich stellte den Motor ab und bemühte mich, das merkwürdige Bild vor uns zu interpretieren. Hinter den Glastüren hingen Stofffetzen herab, die einen guten Meter über dem Boden endeten. Hatten gefräßige Haie hilflose Vorhänge in einem Hungeranfall zerfetzt, und würden sie gleich wieder vorbeischauen? Ich bin mir nicht sicher, was für einen Gesichtsausdruck ich hatte (wahrscheinlich den, den ich mir für einen Kabelriss im Fahrstuhl aufspare), aber ich bin mir sicher, dass Anne ihn geflissentlich übersah. Als wir uns dem Haus näherten, wurde mir klar, dass der Dreck auf den schmutzigsten Glastüren, die ich je gesehen hatte, tatsächlich von einer Million schmieriger Nasen- und Pfotenabdrücke stammte. Wie ein Objektiv, das mit Butter eingeschmiert wird, um Porträtaufnahmen eines alternden Stars zu machen.

Anne deutete auf die Türen. »Sei nicht schüchtern – guck doch mal rein!«

Ich wagte einen Blick und konnte eine Horde sehr großer Tiere in diversen ruhenden Stellungen erkennen. Das Zimmer, in dem sie herumlungerten, sah aus wie Ozzies und Harriets Wohnzimmer auf einem schlechten Trip. Ich wollte gerade Anne fragen, wo die Hunde gehalten wurden, da fiel mir auf, dass dies hier die Hunde waren!

Ich hatte immer gewusst, dass Deutsche Doggen groß sind, aber so wie ich das von Dinosauriern wusste – ich hatte noch nie eins dieser Tiere persönlich zu Angesicht bekommen. Dies waren mit Abstand die riesigsten Hunde, die ich je gesehen hatte, und es kam mir so vor, als seien es Dutzende. Deutsche Doggen von der Größe kleinerer Kühe saßen auf Sofas und Sessel herum. Ich wäre gar nicht mal überrascht gewesen, wenn eine von ihnen ihre Pfeife abgesetzt und eine andere uns über den Rand ihrer Lesebrille hinweg gemustert hätte. Als sie uns bemerkten, krachten zwölf furiose Satansbraten gegen die Glastüren, wo sie sich die Ellbogen in die Seiten stießen, um so nah wie möglich an uns ranzukommen. Ein paar von ihnen stellten sich auf die Hinterbeine, sahen aus einer Höhe von mehr als zwei Metern auf mich herab und jaulten nach Fleisch. Ich musste an diese Aquarien denken, in denen man einer Kreatur, die der kriminelle Neffe des weißen Hais sein könnte, fast einen Eskimokuss geben kann, während irgend so ein supersmarter Führer verkündet: »Das müssen Sie sich bloß mal klar machen: Alles, was zwischen Ihnen und 3000 Pfund vorgeschichtlichen Todestriebs steht, ist diese hauchdünne Glasscheibe!«

Ein ohrenbetäubender Lärm erhob sich hinter der Verandatür. Wer bei diesem Geräusch von Bellen sprechen wollte, könnte den Krach eines Presslufthammers auch als Knirschen beschreiben. Wenn man noch nie etwas mit dieser gigantischen Rasse zu tun hatte, kann das erste Mal eine einschüchternde Erfahrung bedeuten. Ich drückte meine Angst mit einem meterweiten Sprung rückwärts aus – direkt in Anne hinein.

Glücklicherweise hielt die Glasscheibe sogar den Kamikaze-Versuchen rasender Deutscher Doggen stand. Als ich Anne auf die Füße half, schlug sie die Wimpern nieder und sagte: »Ich stehe auf tatkräftige Männer.«

»Ist gut«, sagte ich und klopfte mir den Kies von der Jacke, »wenn du einen triffst, kannst du ihn von mir grüßen.« Ihre Antwort bestand in einem fiesen Kniff in meine Schulter, dann ging sie auf die Haustür zu und klingelte. Ich trat ein Stück zurück. Wenn die Glastüren nachgaben, wollte ich sie wenigstens kommen sehen.

Die Tür wurde weder von Clem noch von Zeb geöffnet, sondern von einem kleinen untersetzten Mann namens Al, der uns grunzend reinließ. Mit seinem ärmellosen Unterhemd und der unangezündeten Zigarre hätte er Danny DeVitos ungeschlachter älterer Bruder sein können – nicht gerade das, was ich erwartet hatte. Den Geruch hatte ich auch nicht erwartet.

Stellen Sie sich vor, Sie liefen gegen eine massive Wand aus den widerlichsten Gerüchen, die sie je eingeatmet hätten, und dann ließen Sie das Ganze etwa 30 Jahre gären. Nun konzentrieren Sie den Gestank um 100 Prozent, und schon haben Sie eine entfernte Ahnung von dem Odeur, der sich in Als Haus eingenistet hatte und die Wände nach außen drückte.

Ich konnte erkennen, dass Anne die Erfahrung auch nicht gerade genoss. Aber es machte ihr so richtig Spaß, mich zu beobachten. Meine Augen tränten, meine Nase brannte, und mein Innenohr schien anzunehmen, ich sei in die schwerelose Umlaufbahn der Erde ausgesetzt worden.

Nach einer schnellen Vorstellung und etwas Smalltalk über Merlin (Als Beitrag zur Unterhaltung bestand vor allem aus Nicken und einem von Zeit zu Zeit hervorgestoßenem »Ähm«), sprach der Züchter die gegrunzte Einladung aus, einen Blick auf die Kreatur zu werfen, die er »den kleinen Fehler« nannte. Als Al die Tür zum Spektakel öffnete, explodierten die Hunde in unsere Richtung wie eine Rakete mit mehreren Sprengköpfen. Jetzt konnte ich erkennen, dass sie weniger darauf aus waren, uns zu verschlingen, als uns zu baden, zu beschnuppern und sich dann ihre Erkenntnisse anzuvertrauen. Nach etwa einer Minute von diesem Sabbertumult merkte ich, wie Al auf etwas deutete und sich abmühte, den Krach zu überschreien. Er sagte entweder: »Da klingelt's in der Hecke« oder »Die Kleine da in der Ecke«.

Dort, in der äußersten Ecke des Zimmers, lag ganz für sich allein der einsamste kleine Hund, den ich je gesehen habe, ein Schneeball aus weißem und grauem Fell in dieser aufgewühlten See schwarz gefleckter Harlekine. Anne hatte mir nichts davon gesagt, dass der Welpe zu allem anderen auch noch ein Albino war. Merlins Schwester lag auf dem bloßen Zementboden und sah gegen die Wand, unberührt von dem Tohuwabohu um sie herum. Die anderen Doggen schienen zu spüren, dass irgendetwas mit ihr nicht stimmte. Vielleicht lag es an ihrer Farbe, an ihren unkupierten Ohren, daran, dass sie nicht auf die Geräusche reagierte, die die anderen überall um sich herum hörten – sie ließen sie in Ruhe. Alle – selbst ihre eigene Mutter. Nur ein völlig zerkauter dreckiger Tennisschuh und eine zerschlissene Bademantelkordel leisteten ihr Gesellschaft.

Ein Hund, groß genug, um einen Sattel zu tragen, verwechselte Annes Notizbuch mit einem Spielzeugknochen, und während Anne versuchte, die Sache mit ihm auszudiskutieren, kniete ich mich vor Merlins

Schwester, bis wir uns Auge in Auge gegenübersaßen. Nie werde ich das Gesicht vergessen, das sie machte. Sie sah mich mit riesigen blauen Augen an (denken Sie an Paul Newman oder an einen wolkenlosen Himmel an einem Sommertag, nur blauer), das rechte schwarz umrandet, als sei ihr der Eyeliner ein bisschen verrutscht. Wie die meisten Doggenwelpen hatte sie noch nicht einmal begonnen, in ihre Haut hineinzuwachsen, die wie ein überdimensionaler samtener Einteiler über ihrem winzigen Knochengerüst lag. Ihre Öhrchen hingen herab wie die Ohrenwärmer an einer alten Fliegermütze, sodass von ihrem Kopf eine Schwere ausging, die von der Last trauriger Geheimnisse zu rühren schien. Sie hob die Augenbrauen, als wolle sie fragen, *Kann ich dir meine Geschichte erzählen?* Dann bellte sie – ein kurzes, schnelles Bellen, nicht laut, aber tief, als käme es von ganz weit unten.

»Das ist was Neues.« Al stand immer noch an der Tür. »Hab sie noch nie einen Pieps machen hören. Stummer Albino.«

Sie schien erschreckt von meiner Nähe, aber sie kam wie ein unbeholfenes Fohlen auf die Füße und beschnupperte mich. Als ich lächelte, ging ihr kurzer kleiner Schwanz wie eine Antenne in die Höhe, und sie fing an zu wedeln, wenn sie auch ein paar Zentimeter entfernt stehen blieb. In dem Moment, in dem ich sie streichelte, kam sie mir ganz nah und fing an, mein Gesicht abzulecken und meine Hand … alles, was sie nur erreichen konnte. Gerade als ich mich zu fragen begann, ob ihr irgendwer – Mensch oder Hund – in ihrem kurzen, einsamen Leben irgendwelche Zuneigung erwiesen hatte, tat sie etwas, was ich bei Hunden noch nie erlebt hatte. Sie brachte ihre Stirn auf dieselbe Höhe wie meine und drückte ihre Schnauze absichtlich gegen meine Nase. Dann trat sie zurück, sah mir in die Augen, kam wieder vor und tat es noch mal.

Ich behaupte nicht, Dr. Dolittle zu sein, aber ich spürte, dass ich mit dem Herzen hörte, was sie nicht sagen konnte. *Du weißt, dass ich die Richtige bin. Jetzt hör auf, hier abzuhängen und hol mich hier raus!*

Anne hatte gerade ihr Notizbuch errungen und nutzte den Moment, um mir mitzuteilen, dass das Hündchen am nächsten Tag eingeschläfert werden sollte. Sie sagte sonst nichts weiter, sie sah mich nur mit ihren tieftraurigen Welpenaugen an. Als ob sie mich noch überreden musste. Ich hob meine neue Freundin vom kalten Boden empor und wiegte sie sanft in den Armen. Ein süßes Lächeln des Sieges erschien auf Annes Gesicht. Wäre sie eine Missionarin gewesen, gäbe es keine einzige Stammesreligion mehr auf der ganzen Welt.

Ich dachte, Al würde sich freuen zu sehen, dass das kleine Mädchen ein Heim bekam, aber es sah gar nicht danach aus. »Wird 'n Haufen Ärger machen, wissen Se«, warnte er uns. »Tun Se ihr wahscheinlich kein Gefallen mit. Mein ja bloß, is doch kein Leben.« Er gab uns ein paar Prospekte über Haltung und Pflege Deutscher Doggen, und wir sprinteten zurück zu meinem Hyundai. Ich war froh, mich von Al verabschieden zu können und von seinen Hunden und von ihren gesammelten Gerüchen.

Ich sagte zu Anne, dass ich den Hund halten wollte, damit sie fahren und ihre Füße wärmen konnte, und sie ging gerne darauf ein. Kurz vorm Losfahren sah ich zu ihr rüber. Da war nicht mehr dieses Siegeslächeln, sondern dasselbe bescheuerte Grinsen einer Siebenjährigen, wie an dem Tag, an dem sie Merlin bekommen hatte. Es kam mir zwar immer noch bescheuert vor, aber als ich mich über Merlins Schwester beugte, bemerkte ich, wie meine eigenen Mundwinkel sich auf eine mir unbekannte (und wahrscheinlich bescheuerte) Art verzogen.

Mein flaumiger Kumpel sah zu mir hoch, beschnupperte mich mit der Leistungskraft eines Industriestaubsaugers und wackelte von Nase zur Kruppe, bis sie genau den richtigen Fleck auf meinem Schoß gefunden hatte. Diesmal war ihre Botschaft laut und deutlich: *Ich wusste auch, dass du der Richtige bist.*

Es gibt Ärger

Die Sonne leuchtete im Inneren meiner mobilen Tiefkühltruhe. Anne fuhr, und ich hielt das handtuchumwickelte Bündel in meinem Schoß. Instinktiv suchte sie Wärme und rollte sich herum, um mir die Schnauze in den Magen zu stupsen. Ich spürte, wie sich das Auto und mein Herz mit der Wärme der Hundeseele füllten. Dann durchzuckte mich ein Schuldgefühl. Was war mit Blue?

Ich spiele nicht, aber ich bilde mir ein, wenn ich es täte, würde ich mich bald in einem Casino in Monte Carlo beim Havannarauchen wiederfinden, weil ich meine Gedanken und Gefühle mit einem Geschick verbergen kann, das eines James Bond würdig ist. Ich hätte einen Spitznamen, der meine coole Art und den neidvollen Respekt meiner Rivalen gleichermaßen ausdrücken würde, ich hieße vielleicht »Cool Hand Dan« oder »Der schweigsame Amerikaner«.

Anne streckte die Hand nach meinem eingewickelten Bündel aus und streichelte es. »Denkst du an Blue, Schätzchen?«

Meine Monte-Carlo-Karriere löste sich in Rauch auf.

»Na ja«, sagte ich. »Ja. Ich fühle mich schuldig. Sie ist erst gestern vor acht Wochen gestorben und ich denke gerade ...« Anne guckte mich so komisch an, dass ich mitten im Satz abbrach. »Was? Was ist denn los?«

»Vor acht Wochen?«

»Genau«, sagte ich etwas ungeduldig. »Gestern vor acht Wochen.«

Schon wieder dieser komische Blick. »Dan, Merlin und seine Geschwister wurden vor acht Wochen geboren.«

Langsam dämmerte mir etwas. »Also, das bedeutet ...«

Sie drückte meinen Arm. »In der Woche, in der Blue gestorben ist.«

»Ich, äh ...« Aus irgendeinem Grund hatte ich einen Kloß im Hals. Ich hatte ganz kurz die Befürchtung gehabt, dass es irgendwie ein Verrat an Blue war, wenn ich meine kleine Miss Naseweis mit nach Hause brachte. Jetzt fand ich, dass dies ein Zeichen von Blue war, es war ihre Art, mich wissen zu lassen, dass sie nicht wollte, dass ich alleine sei. Das hieß, ohne einen Hund in meinem Leben.

Anne legte mir die Hand auf den Arm.

Das Hündchen, völlig unberührt von unserer Unterhaltung, war auf meinem Schoß eingeschlafen.

Anne lächelte. »He, wer weiß, vielleicht ist sie ein Segen.«

Ich sah auf das rundbäuchige Hundebaby hinab. »Ja, vielleicht.« Auf jeden Fall hoffte ich es.

Zu Hause schlich ich mich mit Merlins Schwester an Sarah und Dottie vorbei, die ein Nickerchen machten, und brachte sie in das große Zimmer, in dem alle meine geliebten Sachen (Matchbox-Autos, Comic-Hefte, Bierdosensammlung) noch sicher in Kisten verpackt und übereinandergestapelt waren. Ich richtete ihr das Zimmer mit Schüsseln voll Wasser und Fressen her, legte zentimeterdick Papier auf den Boden und eine olle Decke in die Ecke. Ich hatte kein gutes Gefühl dabei, sie einzuschließen, aber wegen dem, was Sarah und Dottie ihr antun könnten, durfte ich sie nicht frei im Haus rumlaufen lassen. Nicht bevor wir sie ordentlich miteinander bekannt gemacht hatten. Als sie sah, dass ich ging, hob sie den Kopf und legte die Stirn in Falten: *Verlässt du mich so schnell?*

Ich beruhigte sie mit einer Ladung Küsse, die sie als Beweis meiner ehrenhaften Absichten zu nehmen schien. Damit sie etwas Gesellschaft hatte, stellte ich das Radio auf einen zahmen Musikkanal. Dann schloss ich ab und raste ins Büro. Anne und ich waren auf halbem Weg, da fiel mir ein, dass sie wahrscheinlich überhaupt kein Musikfan war, geschweige denn von den »süßen Klängen, die die Mühen des Alltags verzuckern«, wie es der DJ versprochen hatte. Aber ich machte mir keine Sorgen, sie zurückgelassen zu haben. Ein winziger Hund in einem Raum voller verschlossener Kisten – was sollte schon passieren?

Ich hetzte mich durch den Rest meines Arbeitstages und flog um 17:59 aus dem Büro. Ein paar Straßen von uns entfernt überholten mich zwei Polizeiwagen. Ich beachtete sie nicht weiter, bis ich zu Hause ankam und die Streifenwagen in meiner Einfahrt geparkt sah. Mit klopfendem Herzen rannte ich die Vordertreppe hoch. Ich hatte keine Ahnung, was passiert sein könnte, aber die Mädchen benahmen sich wie Berserker, und es klang, als schrien Mark und ein Dutzend anderer Typen so laut sie konnten. Ein paar Nachbarn drängten sich auf dem Bürgersteig, bestimmt redeten sie darüber, dass die Gegend mit unserem Einzug merklich heruntergekommen war.

Drinnen sah es tatsächlich so schlimm aus, wie es von außen geklungen hatte. Trotz der Eiseskälte war Mark so rot und verschwitzt, als käme er gerade von einem Marathon. Er kämpfte mit Sarah und Dottie, die jaulend die Treppe hochschießen wollten, und zugleich schrie er auf die Polizisten im ersten Stock ein, die ihn nicht verstehen konnten. Sie waren damit beschäftigt, so was wie: »Bleiben Sie ganz ruhig und öffnen Sie die Tür ganz langsam«, zu rufen, und: »Sie wollen doch nicht, dass wir die Tür öffnen!« Es klang unverwechselbar wie die Polizisten im Fernsehen, aber es sah sehr echt aus.

Ich musste Marks Namen dreimal rufen, bevor er mich bemerkte. »Was zum Teufel ist hier los?«

»Irgendwer ist bei uns eingebrochen!« schrie er zurück. »Ich muss ihn überrascht haben. Er hat sich im hinteren Zimmer eingeschlossen, und jetzt reißt er da drin alles auseinander. Ich habe die Polizei angerufen ...« Die Hunde zerrten wie verrückt und versuchten Marks Griff zu entwischen. »*Nein*, Sarah! *Nein*, Dottie!«

Ich biss die Zähne zusammen. Es konnte nicht schwer gewesen sein einzubrechen. Wenn ich das Haus als baufällig umschreibe, dann stellen Sie sich etwas Besseres vor, als es war. Als wir drei Wochen drin wohnten, fanden wir heraus, dass das Dach nicht das war, was erfahrene Hausbesitzer »regenresistent« nennen. Aber trotzdem konnte ich mir nicht vorstellen, dass jemand eingebrochen war. Ich brüllte Mark an: »Versuchst du vielleicht, mich zu verarschen?« Er setzte zu einer Antwort an, als wir das Krachen fallender Kisten hörten.

»Siehste?« brüllte Mark zurück. Ich sah es, aber ich wünschte mir, es wäre anders. Irgendein Verrückter war im Haus, hatte sich in ein Zimmer mit allen meinen kostbaren Sachen eingesperrt und machte alles kaputt. Dann traf es mich wie ein Schlag: Mein Hündchen war auch da drinnen! Was, wenn er ihr wehtat? Oh Gott, was, wenn er sie umgebracht hätte? Ich musste sie beschützen.

»Hören Sie jetzt gut zu«, brüllte einer der Polizisten. »Sie haben noch fünf Sekunden, um mit erhobenen Händen rauszukommen. Sonst kommen wir rein! Die Tür ist für uns kein Problem.« Ich konnte zwei andere Beamte – einer von ihnen offensichtlich eine Frau oder ein hoher Tenor – in Walkie-Talkies bellen hören, und eine Sekunde lang fragte ich mich, ob sie miteinander sprachen, auch wenn sie keine zwei Meter voneinander entfernt im Flur standen. Vielleicht handelte es sich um irgendeine merkwürdige Polizeiregel, die wir Zivilisten nicht verstanden. Mochten sie sich bis zum Nimmerleinstag unterhalten, das war mir egal. »Der Hund!« Ich packte Mark an der Schulter. »Was ist mit dem Hund?«

Mit der linken Hand hielt Mark Sarahs Halsband und mit der rechten Dotties. »In Ordnung!« brüllte er. »Sie haben sich die Seele aus dem Leib gebellt, als ich zurückkam, als …«

»Nein, nein«, schrie ich zurück und machte die wildesten Zeichen die Treppe hoch. »*Mein* Hund!«

Spuren gehcimnisvoller Gedanken zeichneten sich auf Marks Gesicht ab – wir werden nie erfahren, was es für welche waren. Wahrscheinlich so ähnlich wie: *Hund? Dan hat keinen Hund mehr. Er ist nicht mehr bei Trost. Ich werde ihn ruhig stellen müssen, bis die Leute kommen, die mit so etwas umgehen können …* Er gab mir den herablassendsten Blick, den ich seit der Zeit der Sonntagsschule von den Nonnen bekommen hatte. Er nickte traurig, zog eine Augenbraue hoch und sagte: »Hör zu Dan, warum gehst du nicht spazieren oder so, denn …«

Ich unterbrach ihn. »Mark«, schrie ich noch lauter. »Ich habe einen Hund! Einen *neuen*! Einen Welpen. Sie ist oben. Im hinteren Zimmer. Mit meinem ganzen Kram!« Mark sah noch verwirrter aus als vorher. »Ich konnte es dir noch nicht sagen. Ich habe sie erst heute Mittag abgeholt. Sie ist taub. Sie …«

Bevor ich zu Ende erklären konnte, dass sie trotz ihrer Behinderung ein Rassehund war, außerdem einer der süßesten Hunde auf der ganzen Welt, schoss Mark an mir vorbei, und raste mit dem Ruf »Warten Sie! Warten Sie!« die Stufen hoch. Sarah und Dottie stutzten, sahen erst zu Mark, dann zu mir, dann zu Mark, und jagten hinter ihm her. Mark brüllte: »Brechen Sie die Tür nicht …«, als ich ein lautes und lang gezogenes KRRAACCKK! hörte, das unverwechselbare Geräusch eines schweren Stiefels, der eine brüchige Tür durchtritt. Eine Sekunde Stille, gefolgt von einer Lachsalve, dann raste ich, zwei Stufen auf einmal nehmend, die Treppe hoch.

Durch den Rahmen der zertrümmerten Tür bot sich mir der merkwürdigste Anblick, den ich je gesehen hatte. In der Ecke eines vollkommen zugemüllten Zimmers, umgeben von Sarah, Dottie, Mark, einer Polizistin und drei Polizisten, die ihre Pistolen in ihre Halfter zurücksteckten, war mein namen- und wehrloses Hündchen – oder vielleicht genauer, ihr schneeweißes Hinterteil. Ihr kleiner Rumpf schwebte in der Luft und wackelte freudig mit dem Schwanz hin und her. Sie gab kleine knurrende Geräusche von sich, die nur etwas einschüchtern konnten, was, na ja, was kleiner als ein acht Wochen alter Welpe war. Weder das scharfe, missbilligende Gebell von Sarah und Dottie, noch die Kraftausdrücke der Jungs in Blau drangen zu ihr durch.

Als ich durch das Loch in der Tür trat, hielt sie einen Moment in der Bewegung inne, und ihre kleine Schnauze schoss wie ein Periskop in die Luft. Sie schnupperte, wirbelte in meine Richtung, richtete sich energisch zu ihrer ganzen Höhe auf (etwa 25 Zentimeter), und dabei streifte sie die Decke, unter der sie sich vergraben hatte, halb ab. Ich weiß nicht, ob sie den Effekt erreichte, den sie erzielen wollte, denn die Decke war immer noch über das eine Auge drapiert, was sie ein wenig wie Veronika Lake aussehen ließ. Das heißt, wenn Miss Lake flaumige Wangen und eine Neigung, auf feinen Lederschuhen herumzukauen gehabt hätte, in diesem Fall die eine Hälfte des einzigen Paars Schuhe, die man zum Anzug tragen konnte, das sich in meinem Besitz befand. Traurig schüttelte ich den Kopf. »Nicht meine nachgemachten Bally-Schuhe!«

Die Erschütterung, mit der die Tür aus den Angeln gerissen wurde, hatte ihre Aufmerksamkeit nicht von ihrer Schuhsohlen-Suchaktion lenken können, aber irgendwas – ich glaube, mein bekannter Geruch – hatte sie zum Umdrehen verleitet. Sie warf einen Blick auf die versammelte Menge, und wenn ihr Publikum sie überraschte, ließ sie es sich nicht anmerken. Als sie mich entdeckte, fing sie an, mit dem Schwanz zu wedeln, kam herangetrottet und legte mir die Überreste meines rechten Schuhs zu Füßen. Sie sah zu mir auf, hechelnd von der Anstrengung, den wilden Straßenschuh unterzukriegen, und mir war klar, dass sie mir die Beute ihrer Jagd darbrachte.

Während Mark sich bei den Polizisten entschuldigte und ich den Versuch unternahm, ihre Taubheit zu erklären und für alle Übel, die sich seit dem Ölembargo 1973 zugetragen hatten, um Verzeihung bat, kniete sich die Polizistin, ein sommersprossiger Rotschopf, neben die stolze kleine Jägerin. Aus dem Augenwinkel sah ich, wie sie unsere Schuhkillerin unter dem Kinn kraulte, was diese mit der Würde einer kleinen Kaiserin geschehen ließ. »Na«, sagte die Beamtin und nahm Ihre Kaiserliche Hoheit auf den Arm, um ihr direkt in die Augen zu sehen: »Sind wir nicht eine tapfere kleine Miss Grace?« Das Subjekt dieses Kompliments konnte das Lob so wenig hören wie den Tumult, den sie verursacht hatte. Doch sie muss das freundliche Gefühl hinter den Worten gespürt haben. Sie drehte sich herum und bedankte sich auf die einzige Art, die sie kannte. Sie versuchte, der Beamtin die Sommersprossen abzulecken.

Die Polizistin lächelte mich von unten an. »Wie heißt sie denn?«

»Ähh ...« Ich fühlte mich der Welpenvernachlässigung überführt. In den paar hektischen Stunden, seit die tapfere kleine Miss Grace hier zu Hause war, hatte ich ihr noch keinen Namen gegeben. Dann hatte ich eine Eingebung. »Wissen Sie, Sie haben es schon fast erraten«, sagte ich, bevor meine Verlegenheit auffiel. Ich gestikulierte wild herum und versuchte alle im Raum, Hunde und Menschen, einzubeziehen. »Sarah, Dottie, meine Damen und Herren, dies ist Grace Dogge.« Gracie ihrerseits legte die Stirn in Falten, als teile sich ihr die Bedeutung dieses Moments mit, dann reckte sie den Hals und biss mich unendlich zärtlich ins Kinn. Als meine Augen sich in ihre babyblauen versenkten, war es klar, dass dieser Biss eine Vielzahl von Bedeutungen hatte: Kannst du diese überflüssigen Eindringlinge nicht loswerden? Wann isst man hier eigentlich mal was? Und wo ist der andere Schuh?

Von Furcht und Fell

Nun könnten Sie meinen, dass das alles genug Action für einen Tag war, vielleicht sogar für ein Jahr. Sie könnten meinen, dass wir vorm Schlafengehen keine weiteren traumatischen Zwischenfälle mehr benötigten. Und Sie hätten völlig Recht. Leider hat sie damals niemand danach gefragt, weswegen wir entdeckten, dass es in dem Haus zu allem Übel wohl auch noch spukte.

Nachdem die Polizei gegangen war, nahm Mark Sarah und Dottie auf einen Spaziergang, und ich ließ Gracie herumstreunen, damit sie sich in ihrem eigenen Tempo mit ihrer neuen Höhle vertraut machen konnte. Ich war mit dem Kochen an der Reihe, und ich machte ein leichtes Nudelgericht, deckte Marks Schüssel ab und ließ mich auf dem Sofa vor dem Fernseher nieder. Um die Stromrechnung bezahlen zu können, ließen wir die Lichter nur in dem Zimmer an, in dem wir uns gerade befanden. Im Wohnzimmer war es das gedämpfte Licht, das meine geliebte Elvis-Lampe abgab – eine Keramikskulptur des *Kings* in seinem weißen Vegas-Anzug, ungeachtet des Messingrohrs, das sich durch seinen Scheitel bohrte. Plötzlich hörte ich ein Geräusch, das mir durch Mark und Bein ging. Meine Gabel schwebte in der Luft. Noch mal! Es war ein Geräusch, bei dem sich mir alles zusammenzog, so wie dieses schrappende Quietschen, wenn man mit den Nägeln an eine Tafel kommt. Ich bemühte mich, in dem Tunnel der Angst, in den ich abgetaucht war, einen Gedanken zu kristallisieren, aber es war nichts zu machen. Dann der Krach – noch mal!

Wahrscheinlich geschah es uns ganz recht. Wahrscheinlich hätten wir mit einem Geist rechnen müssen. Ich habe keine Ahnung. Vor ein paar Monaten, als wir unsere Ersparnisse zusammengekratzt hatten, um eine Anzahlung auf dieses massive, hundert Jahre alte Zehn-Zimmer-Haus zu machen, dachten wir nicht so sehr an Geister als vielmehr daran, das Haus vor dem Zusammenbruch zu bewahren. Alles, was wir über seine Geschichte wussten, war, dass es viele Jahre lang als Heim für geistig behinderte Jungen genutzt worden war.

Einer unserer Freunde, ein ganz Schlauer, meinte nur, wenn wir das Haus kauften, bliebe es seiner Tradition treu, nach der dort immer nur Jungs mit Problemen wohnten. Tatsächlich hatten wir uns vor dem Hauskauf gefragt, ob wir nicht ein oder zwei Geister beherbergten. In Ordnung, ich habe mich das gefragt. Ich fand, in hundert Jahren musste da einfach einer gestorben sein. In meinem deformierten Gemüt spielten sich Szenen von gepeinigten, halb verhungerten Jungen ab, die von ihren sadistischen Aufsehern geschlagen wurden und in Zwangsjacken durch mondbeleuchtete Flure strichen, wobei sie hilflos stöhnend ihr Schicksal beklagten. Wahrscheinlich sollte ich gleich an dieser Stelle betonen, dass wir nie irgendetwas gehört haben, was solche Szenen auch nur im Ansatz nahe gelegt hätte. Das spielt aber gar keine Rolle. Tatsache ist, dass ein Großteil meiner Allgemeinbildung aus der Gewohnheit resultierte, in den Jahren zwischen neun und zwölf Horrorfilme zu sehen – und diesen Teil meiner Bildung ließ ich nicht vor die Hunde gehen. Ich hatte Mark gegenüber die Geisterjungen nicht erwähnt, weil ... na ja, weil er einfach zu nüchtern ist, um Dingen auf den Grund zu gehen, die sich einer wissenschaftlichen Beschreibung entziehen. Jetzt wünschte ich mir, ich hätte es ihm gesagt, aber jetzt war es zu spät. Zu spät ...

Noch mal! Der Lärm schwoll an, kam näher. Was war das? Im selben Moment wusste ich es, als hätte ich es mein ganzes Leben gewusst. Es waren die Geister der angeketteten Jungen, die den Hungertod erlitten hatten, und die jetzt den Gang hinuntertaumelten wie ein ganzes Bataillon monströser Frankensteins, langsam, aber sicher in Richtung des einen und einzigen, das den grausigen Hunger ihrer gefolterten Seelen sättigen konnte – Menschenfleisch!

Gerade, als ich dachte, ich müsse explodieren, wenn ich nur noch eine Sekunde bewegungslos auf der Couch sitzen blieb, schwand das Geräusch und das Haus war beklemmend still. Dann ging es wieder los, dieses kratzende Schaben, diesmal sogar noch näher – so nah, es hörte sich so an, als käme es von der anderen Seite der Wand. Kurz bevor das Hämmern in meiner Brust meine Rippen knackte, drehte ich mich um und erkannte die Ursache des Geräusches: Dort, in dem dunklen widerhallenden Flur lief die kleine Gracie, summte vor sich hin und schlurfte mit ihren überdimensionalen Pfoten auf den Dielen entlang, wobei sie jeden Zentimeter ihres Wegs beschnupperte.

Selbstverständlich war ich ziemlich erleichtert zu entdecken, dass es nur mein kleiner Hund war, der sein neues Heim untersuchte, und keine Geisterhorde. Es stellte sich heraus, dass Gracie noch nicht gelernt hatte, dass man beim Gehen die Füße anhebt, weil es ihr niemand beigebracht hatte. Als die anderen in ihrem Wurf in Hundefragen grundsätzlicher Natur unterrichtet worden waren, wurde die kleine Gracie übergangen und ihrem Schicksal überlassen. Deswegen schlurrte sie jetzt so – aber dank ihres Wesens schlurrte sie ganz allerliebst. Wie viel Gnade ihr in ihrem kurzen Leben schon widerfahren war, das sollte ich bald herausfinden.

Das kleine Wunder

Am nächsten Morgen ging ich mit Gracie zu Dr. Benjamin, einem Tierarzt, von dem mir Anne erzählt hatte, dass er in unserer Gegend der maßgebliche Experte für Deutsche Doggen war. Ich fragte mich, ob es Dutzende von ihnen gab.

Sollte Hollywood jemals James Herriots Hundegeschichten von Yorkshire nach Amerika umsiedeln, würden die Jungs von der Rollenbesetzung ihre Großmütter verkaufen, um Dr. Benjamin für die Stelle zu gewinnen. Sein grau meliertes Haar, sein gerunzelt-gerötetes Gesicht und seine müden, aber leuchtenden Augen waren für die Rolle des freundlichen alten Tierarztes wie geschaffen. Als er Gracie sah, strahlte er mit einer herzlichen Wiedersehensfreude übers ganze Gesicht.

»Ah, das kleine Wunder! Wie geht es dir, mein Liebling? Es ist schön, dich wieder zu sehen!« Er beugte sich runter, damit sie ihn küssen konnte, und führte uns ins Untersuchungszimmer.

Gracies Schwanz schlug wie ein turbogetriebenes Metronom. Ganz offensichtlich freute sie sich auch, ihn zu sehen, aber ich war verdutzt. Wieso kannte er sie? Und warum nannte er sie »kleines Wunder«?

Dr. Benjamin untersuchte Gracie und erzählte dabei, und sie ließ es sich gefallen, als sei es ein Spiel. »Als diese junge Dame erst wenige Wochen alt war«, begann der alte Doc, meiner Frage zuvorkommend, »wollte sich eine Familie einen Welpen aus dem Wurf aussuchen.« Er leuchtete ihr ins Ohr. »Also, so wie ich es vom Züchter gehört habe, ist die kleine Tochter auf Gracie zugerannt, hat sie hochgenommen, ist gestolpert und mitten auf sie drauf gefallen!« Gracie gab ein zustimmendes »Wuff!« von sich – ein tiefes, kehliges »Wuff!« irgendwo zwischen Greta Garbo und Marlene Dietrich angesiedelt. »Das kleine Mädchen hat so laut geschrien, dass niemand nachsehen kam, ob du verletzt warst, stimmt's?« Da er Gracies Maul offen hielt, um ihre Kehle anzusehen, erwartete ich keine ausführliche Antwort. »Erst spät am folgenden Tag entdeckte der Züchter, dass ihr Bauch geschwollen und ihr Atem flach war. Als er sie hierher brachte, bemerkte ich zwei gebrochene Rippen.« Er starrte in ihre Augen. »Du bist vielleicht ein tapferes kleines Mädchen!«

»Ist sie so zu ihrem Namen gekommen?« fragte ich ihn.

Dr. Benjamin lachte. »Nein, das arme Ding.« Er kraulte sie unter dem Kinn. »Das war erst der Anfang.«

Dr. Benjamin erklärte, wie er Gracies Rippen verbunden habe. Sie wuchs so schnell, dass sie in einer Woche schon wieder gesund war. Ein paar Tage später brachte der Züchter sie wieder vorbei, um ihr die Ohren kupieren zu lassen, sie sollten in zwei rasiermesserscharfe Spitzen zulaufen. Bei Deutschen Doggen ist das Kupieren üblich, aber es wird allein aus ästhetischen Gründen getan – es gibt keine medizinische Notwendigkeit dafür. Manche Leute behaupten, ein Hund mit Hängeohren könne leichter Ohrenentzündungen oder Beschwerden mit den Blutgefäßen am Ende der Ohren bekommen, aber das kaufe ich ihnen nicht ab. Würden Sie sich die Zehen abhacken, nur um sicherzugehen, dass Sie sie nie anstoßen? Ich persönlich finde das Kupieren so erstrebenswert wie das Abbinden von Füßen, aber ich hatte mich natürlich schon gefragt, warum Gracie nicht zusammen mit Merlin kupiert worden war.

»Ich hatte den Verdacht, sie sei taub, aber Züchter können ein wenig ... berechnend sein, wenn man auf taube Welpen zu sprechen kommt. Da sie nur zum Kupieren hier war, entschloss ich mich dazu, sie nicht daraufhin zu überprüfen, außer wenn der Züchter mich darum bat.« Er hob ihren Schwanz und kontrollierte den Rumpf. »Ich gab Gracie ihre Betäubung und plötzlich fiel sie tot um. Bevor die Operation überhaupt begonnen hatte.«

»Sie war tot?«

Er nickte. »Sie war ein paar Minuten lang tot. Wahrscheinlich eine Reaktion auf das Betäubungsmittel, man kann da nie sicher sein.«

»Wie ...?«

»Oh, ich habe sie einfach nicht aufgegeben«, sagte er grinsend. »Ich versuchte alles, um sie zurückzuholen, jede Wiederbelebungstechnik, die ich kannte, außer sie aufzuschneiden und ihr Herz zu massieren. Nach einer Minute ohne Reaktion hielt mich meine Assistentin für verrückt. Nach zwei Minuten fragte ich mich selbst, was ich da täte, aber aus irgendeinem Grund konnte ich einfach nicht aufhören: Ich drückte ihr Herz, blies ihr Luft in ihr kleines Maul und wartete. Es gab kein einziges Lebenszeichen, und trotzdem war ich davon überzeugt, dass irgendwo da drin noch ein kleiner Funken war, und ich konnte doch nicht aufhören, bevor das Feuer wieder voll entfacht war. Noch eine Minute, noch zwei – die mir wie Stunden vorkamen, aber ich blieb dabei. Meine Assistentin bat mich inständig aufzuhören. Und dann flackerte es in diesen großen Augen – einmal, und dann noch mal, dann blieben sie offen und in die Monitore kam Leben, als hätten sie nie auch nicht für eine Sekunde etwas anderes angezeigt. Nie«, hier versagte ihm die Stimme, »noch nie in meiner ganzen Laufbahn – und ich war schon Tierarzt, als sie noch nicht geboren waren – habe ich so was erlebt.«

Dr. Benjamin nahm seine Brille ab und putzte sie. Als er sie wieder aufsetzte, waren seine Augen feucht, aber er lächelte. Es war ein warmes Lächeln, das seine Faltenkaskaden freundlich aufheiterte. »Seit diesem Tag ist sie das kleine Wunder für mich.«

»Allerdings«, sagte ich, »ist sie ein kleines Wunder. Aber Sie haben dafür gesorgt.«

Dr. Benjamin schüttelte vehement seinen Kopf. »Oh nein. Ich kann keine Wunder vollbringen. Ich versuche einfach nur, jeden Tag mein Bestes zu geben und meine Augen offen zu halten für die Wunder, die sich um mich herum zutragen. An dem Tag musste ich nicht lange suchen.« Er beugte sich über Gracie. »Nein, gar nicht.«

Ich war still. Gracie stellte sich auf die Hinterbeine, legte ihre Pfoten an seine Brust und stupste ihre Nase ganz zart gegen die seine. Wenn ihr danach war, mit ihren Gefühlen hausieren zu gehen, so konnte ich es dies eine Mal durchgehen lassen.

Als ich in derselben Nacht im Bett lag, dachte ich an Gracie und ihre Namen. Grace. Gracie. Gnade. Grazie. Am Abend davor hatte ich, angeregt durch die Bemerkung der Polizistin, Gracie ihren Namen noch voller Ironie gegeben – wegen ihrer niedlichen Tollpatschigkeit. 24 Stunden später fand ich, dass sie ihren Namen schon doppelt verdient hatte. Da war die Gnade, die sie ins Leben zurückgebracht hatte – das ist wohl offensichtlich. Aber da war auch die Gnade, mit der sie in mein leeres Leben getreten war. Als ich an die Decke starrte, hatte ich das starke Gefühl, dass dieser blöde Welpe, der seine Schnauze in meine Armbeuge zu stecken versuchte, ein paar Dinge mitbrachte, von denen ich gar nicht gewusst hatte, dass ich sie vermisste. Gnade ist überall. Wie Dr. Benjamin gesagt hatte, musste auch ich nur mein Bestes geben und meine Augen offen halten, um sie zu sehen. Das Jahr, das vor mir lag, sollte mir reichlich Gelegenheit dazu geben.

Der Blumen Duft

Das Leben in einem Haus, das seit Aufhebung der Prohibition nicht renoviert worden ist, hat Eigenheiten. Eine von ihnen hängt mit vier Meter hohen Fenstern zusammen, deren Holzrahmen sich permanent ausdehnen oder zusammenziehen und deren Glas nicht so super isoliert. Deswegen tragen große alte Fenster wenig dazu bei, die Kälte oder wenigstens den eisigen Wind draußen zu lassen. Auf der anderen Seite lassen sie eine wahre Flut von Sonnenstrahlen herein, ob man will oder nicht. Es gibt nur zwei Möglichkeiten: So viel Knete für Vorhänge aus dem Fenster zu schmeißen, dass es einem Schloss zur Ehre gereichen würde (»Geben Sie mir etwas, was nicht viel Licht durchlässt, vielleicht was Schwarzes oder besser etwas Tiefschwarzes. Ich nehme etwa 15 000 Meter. Verkaufen Sie das auch hektarweise?«). Oder das Sonnenlicht lieben zu lernen. Raten Sie mal, was ich getan habe.

In dem Moment, in dem mein Wecker krähte, um die Morgendämmerung zu grüßen, zuckte ich zusammen, weil ich von einer weichen nassen Samtzunge in meinem Nacken geweckt wurde. Gracie war zu klein, um alleine aus dem hohen Bett zu klettern und mit ihren acht Wochen schon Lady genug, um die Laken nicht zu beschmutzen. So stand sie direkt über meinem Gesicht und wedelte vor freudiger Ungeduld. Ich sah dem neuen Tag nicht ganz so freudig entgegen wie sie.

Wissen Sie, ich sehe mich gerne als großzügigen Menschen. Ich war Pfadfinder, habe verletzte Vögel gerettet, alte Damen über die Straße geführt und nicht auf Dank gewartet. Deswegen machte es mir auch nichts aus, dass meine neue Gefährtin keine Variante des aus dem Arbeitshaus geretteten Oliver Twist spielte: schon früh auf den Beinen, um die Böden zu wienern und meine Pfannkuchen zu backen. Was mir etwas ausmachte, war, dass ich aufstehen musste, um quer durch die Tundra zu einem nervtötenden Job zu fahren, dort neun Stunden gegen einen Abgabetermin anzukämpfen, der sich leider nicht aufgelöst hatte, nur weil Gracie aufgetaucht war. Ich hatte Arbeit zu erledigen, eine Hypothek abzuzahlen, ein Leben zu leben. Und ich war nicht dankbar dafür.

»Ich kann den Tag nicht mit Spielen verbringen«, sagte ich laut. »Du verstehst das doch, oder nicht?« Ich neigte meinen Kopf zu ihr, um das zu betonen. Sie leckte mir die Nase.

Ich ließ sie auf den Boden runter (auf den sie sofort eine Pfütze machte), wusch mich, zog mir schnell was über und führte sie zur Treppe. Sie rannte bis zum Treppenabsatz vor mir her, tauchte zweimal mit der Pfote ab, als prüfe sie Wasser, drehte sich um und sah mich erwartungsvoll an: *Das kann ich doch, oder etwa nicht?* Sie zeigte nicht die leiseste Spur von Angst – sie lief hin, prüfte die Sache, drehte sich um und wartete auf weitere Anweisungen. Ich vermutete, dass sie gerade groß genug war, um die Stufen einzeln zu schaffen, aber nicht jetzt. Dieses eine Mal wollte ich sie runtertragen. Wir hatten unseren ersten gemeinsamen Spaziergang vor uns. Oder jedenfalls hatte ich mir das so gedacht.

Trotz meiner jahrelangen Erfahrung mit Hunden, habe ich nie einen Hund auf seinem *ersten* Spaziergang ausgeführt. Es stellte sich als eine größere Herausforderung dar, als ich erwartet hatte. Hunde sind zwar instinktgesteuerte Wesen, aber es gibt bestimmte Dinge, ohne deren Wissen alle gleichermaßen zur Welt kommen. So stellte sich zum Beispiel heraus, dass Hunde ohne wirkliches Verständnis der Konzepte von »Halsband«, »Leine«, geschweige denn von »Ausgehen« geboren werden. Das bewies Gracie mir schnell.

Anstatt ihr in der Küche das Halsband anzulegen, wo es begrenzte Fluchtmöglichkeiten gibt, ließ ich sie in den verschneiten Garten und folgte ihr mit dem kleinen Halsband und der kurzen Leine, aus denen Sarah und Dottie längst herausgewachsen waren. Als sie begann, im Garten herumzutollen, statt sich instinktiv dem Halsband zu unterwerfen (und dem Mann, der es hielt), machte ich den nächsten brillanten Zug: Ich begann zu rufen: »Gracie! Komm schon, Mädchen! Komm, na komm! Gracie! Ko...«

Ich brach mitten im Wort ab und drehte mich um, um nachzusehen, ob es irgendwelche Zeugen gab, die mich triefäugige Dumpfbacke dabei beobachtet hatten, wie ich einen tauben Welpen rief. Zum Glück gab es keine. Also krönte ich das Ganze mit einem Schritt, der von vornherein zum Scheitern verurteilt war: Ich wollte sie fangen.

Nicht, dass Doggenwelpen besonders schnell sind,

oder dass Gracie ein besonders schnelles Hundejunges gewesen wäre. Es ist nur so, wenn ein Welpe das erste Mal die Chance bekommt, sich in einem großen Garten auszutoben, dann ist das Letzte, wozu er sich bringen lässt, ruhig anzukommen und sich anleinen zu lassen. Wenn man's recht bedenkt, gibt es wahrscheinlich auf der ganzen Erde kein Wesen, das sich zum Halsband hingezogen fühlt. Von Gracie kann man jedenfalls sagen, dass sie noch weniger Drang danach verspürte als die meisten ihrer Artgenossen.

In einem Film würde man für die Jagdszene weniger als eine Minute einplanen. Das reichte, um eine Vorstellung davon zu vermitteln, was der blöde Typ da trieb. Da dies aber das echte Leben war und Gracie keine Neigung verspürte, sich filmischen oder sonstigen Konventionen zu beugen, dauerte es fast eine halbe Stunde, in deren Verlauf Gracie sich immer wieder mit Vergnügen in die Ecke treiben ließ, um im letzten Moment aus meinen Händen zu entwischen, sodass ich wieder schwerfällig keuchend hinter ihr herlief, bis ich es schließlich aufgab und mich auf die Veranda fallen ließ, erschöpft und besiegt. Da entschied Gracie sich dafür, zu mir zu trotten, sich an mein Bein anzuschmiegen und fragend ihren Kopf aufzurichten: *Willst du denn nicht mehr spielen?*

Was für ein Dummkopf war ich doch. Sie rannte nicht vor mir weg – sie spielte! Ich brauchte nur das Spielfeld zu verlassen, schon war das klar. Ich streichelte ihren kleinen runden Kopf und lachte über mich selbst. Dann streckte ich die Hand aus und legte ihr das Halsband um, ohne dass sie einen Mucks von sich gab. Sie war neugierig, sie kratzte und zog vielleicht zehn Sekunden daran herum, dann verlor sie völlig das Interesse. Bis ich die Leine anlegte.

Mit dem Klicken des Karabinerhakens explodierte Gracie. Oder sie hätte es getan, wenn die Leine nicht gewesen wäre. Diesmal hatte ich nicht vor, sie loszulassen, auch wenn sie alles tat, was ihr kleiner Körper hergab, um das zu ändern. Sie zerrte an ihrer Kette in nutzloser Verzweiflung. Ungeachtet ihrer geringen Größe riss sie meinen Körper in alle Himmelsrichtungen. Vielleicht fühlte es sich so an, wenn man ein bockendes Wildpferd ans Halfter gewöhnen wollte, beziehungsweise wie es sich anfühlen würde, wenn das Wildpferd etwa die Größe eines Teddybärs hätte.

Ich zerrte sie heran, kniete nieder, streichelte sie und sagte, sie solle sich keine Sorgen machen, und danach schien sie weniger Angst vor der Leine zu haben, als vielmehr neugierig zu werden. Wir waren bereit, uns auf den Weg zu machen. Ich jedenfalls.

Sowie wir aus dem Tor traten, sprang Gracie so freudig hinaus, wie es nur diejenigen tun, die noch nie einen Ganztagsjob gehabt haben. Wahrscheinlich hatte sie noch nie gespürt, wie sich Sonnenschein anfühlte, und ich war ganz bei ihr. Sie rannte den Pfad vor mir her, und als sich die Leine straffte, sprang sie – verwirrt vom Rückschlag – in die Luft. Trotz ihrer Waffenruhe mit der Leine vor ein paar Minuten konnte sie offensichtlich nicht verstehen, warum eine unsichtbare Kraft sie davon zurückhielt, frei durch die Welt zu streunen. Dann vergaß sie sie wieder und sprang vorwärts, nur um gleich zurückgeschnellt zu werden.

Während Gracie sich im horizontalen Bungeejumping übte, bemühte ich mich, sie schnell und behutsam die Straße hoch und wieder hinunterzuführen. Mit zunehmender Verzweiflung nahm ich zugleich wahr, dass sich in meinem Kopf sämtliche »Oh! So! Delikato!«-Slogans jagten (»Oh! Es ist das Beste! So!« »Obendrauf und untendrunter: Alles Oh! So! Delikato!« »Legen Sie's auf ihren Grill! Oh! So!«) Ich lief vor oder hinter ihr her, sie schnellte wie ein Jojo vor und zurück. Da ich noch nie einen Welpen großgezogen hatte (Blue hatte mich mehr oder weniger großgezogen), konnte ich nur daran denken, Gracies ersten Spaziergang hinter mich zu bringen, damit sie sich daran gewöhnen würde und wusste, welche Körperfunktionen sie für diese Gelegenheit aufsparen sollte. Aber sie hatte ganz andere Vorstellungen.

»Komm, Mädchen!« sagte ich mit einem Ruck an der Leine. »Nun komm ...« Als ich mich wieder einmal an ihren Hörverlust erinnerte, senkte ich meine Stimme zu einem Flüstern. So konnte niemand beweisen, dass ich mit einem tauben Hund gesprochen hatte.

»Sieh mal«, sagte ich, »es ist nur ...« Ich unterbrach mich erneut, kniete mich neben sie in den Schnee und klopfte ihr auf den Nacken, um ihre Aufmerksamkeit zu gewinnen. Als sie mir in die Augen sah, verlegte ich mich auf Telepathie. *In die Richtung*, telepathierte ich und senkte meinen Kopf nachdrücklich zum Straßenende. *Da: gut, hier: schlecht.* Und als sei das allein nicht schon klar genug, nahm ich sie hoch, lief ein paar Schritte weiter und ließ sie wieder runter, ohne anzuhalten.

Später brachten Mark und ich ihr unsere eigene Version der AHZS – der amerikanischen Hundezeichensprache – bei. Wir dachten uns als Erstes ein paar einfache Gesten aus. Bei *Sitz* streckten wir Arme und Hände flach nach vorn. Bei *Fressen* deutete ich auf meinen geöffneten Mund, gefolgt von dem Zeichen für *Komm*.

Komm war ihr Lieblingszeichen. Dafür breitete ich die Arme zu beiden Seiten aus und wackelte mit den Fingern. Wenn sie daraufhin zu mir kam, nahm ich sie immer liebevoll in den Arm, selbst wenn sie etwas falsch gemacht hatte. Ich legte sie bei dieser Geste nie herein, indem ich etwa mit ihr schimpfte. Es war eine ganz besondere Geste, mit der ich nur eins ausdrückte: Komm und hol dir ein bisschen Liebe ab. Aber all dies kam erst später, heute versuchten wir einfach nur, einen Spaziergang zu machen, ohne dass sie mir gleich die Schulter auskugelte.

Sie tollte neben mir her, sieben schnelle Schritte für einen von meinen (das sind 28 Hundeschritte, wenn man jedes Bein zählt). Gerade als ich glaubte, doch noch so früh zurückzukommen, dass ich mir was zum Mittagessen fertig machen konnte, stemmte sie sich mit allen Vieren auf den Boden und legte ihre weiße Stirn mit dem Ausdruck einer so ernsthaften Neugier in Falten, wie ich ihn bei Babys noch nie und bei Welpen schon gar nicht gesehen habe.

Man sollte es vielleicht nicht für möglich halten, dass ein Welpe von 14 Pfund einen 185 Pfund schweren Mann plötzlich zum Anhalten bringen kann, vor allem nicht, wenn er von den Eingebungen seines Werbegenius vorangetrieben wird, aber genau so war es. Gracie war stehen geblieben und vergrub ihre Nase im Schnee. Irgendetwas verbarg sich da am Rand des Bürgersteigs. Blumen. Sie stürzte sich darauf, beschnupperte sie, umarmte sie fast mit ihrer Nase und war nicht weiterzubewegen. Ich blies meinem Lunchpaket ein Abschiedsküsschen hinterher.

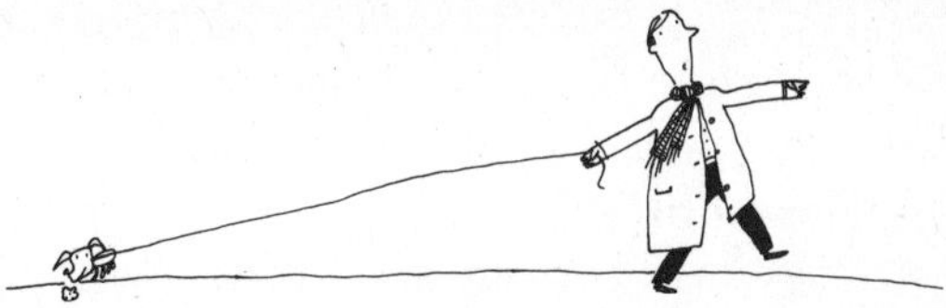

Blumen? Hier? Jetzt? Was für eine Pflanze besitzt die Kühnheit, in einem Kansas-City-Winter zu blühen? Es handelte sich um ein winziges Büschel blauer Wildblumen, vielleicht fünf Zentimeter groß, das entgegen jeder Vernunft durch die Schneedecke stieß. Dabei wollte ich doch nur mit meinem Hund ausgehen, ohne gleich gefeuert zu werden! Aber Gracie musste stehen bleiben, um die Blumen ...

Ich stand unter dem kalten klaren Himmel und staunte, während Gracie mit ihrem feinen Geruchssinn (der sich zu meinem verhielt wie das Hubble-Teleskop zu einem Vergrößerungsglas) diese unendlich zierlichen Pflänzchen erkundete, die ich als blühendes Unkraut bezeichnen würde. Mein ganzes Leben – das machte sie mir klar – bestand aus Wünschen und Wollen, aus Befürchtungen und Begierden. Ich wollte raus aus der Armut und reich werden, raus aus der Firma anderer Leute in meine eigene, raus aus der Bedeutungslosigkeit meiner Existenz und ... Ich bemühte mich, nicht darüber nachzudenken.

Und Gracie zeigte mir was, Gracie zwang mich, anzuhalten und die Blumen wahrzunehmen. Die Schönheit zu sehen, zu riechen und zu spüren, die so leicht zu haben war, und sogar ganz umsonst. Vor zwei Tagen war ich noch der traurigste Hänger auf beiden Seiten des Mississippi gewesen. Jetzt war ich ein Junge mit seinem Hund an einem wunderschönen sonnigen Tag, auf der Erde lag Schnee und der Himmel war wolkenlos. Die Welt konnte ein paar Minuten warten. Wir mussten an den Blümchen riechen.

Schwestern unter sich

Bei dem Aufruhr, den Gracies Ankunft bei uns verursacht hatte, war es mir nie in den Sinn gekommen, dass Sarah und Dottie Gefühle für Gracie hegen könnten, und schon gar keine negativen! Schließlich waren Dottie und Sarah nur ungelenke Teenager, während Gracie ein anbetungswürdiger Babywelpe war; das Fell der beiden war dunkel beziehungsweise gepunktet, Gracies hingegen war (fast überall) weiß wie Schnee; die beiden hatten typische braune Hundeaugen, aber Gracies waren blauer als – okay, vielleicht war ich ein ganz klein wenig parteiisch. Auch wenn man Mark nicht vorwerfen konnte, dass ihm irgendwas oder irgendwer wichtiger war als Sarah und Dottie, so war es nur natürlich, dass er auf das neuste Mitglied unseres Haushaltes neugierig war. Sarah und Dottie hatten jedoch entschiedene Gefühle, was Gracies Eindringen in ihr Leben anging, Gefühle, die sie nicht gerade feinfühlig zum Ausdruck brachten. Vielleicht wussten sie aber auch, dass sie mit Feinfühligkeit bei unserem jüngsten Familienmitglied nicht gerade weit kamen. Bis zu dem Nachmittag, an dem wir uns kennen gelernt hatten, hatte Gracie keinen Freund auf der Welt gehabt, und jetzt dachte sie, sie habe ein ganzes Haus voller Freunde. Sie war schon mit Mark und mir zufrieden gewesen, aber sie freute sich offensichtlich ganz ungemein, dass noch zwei andere Geschöpfe in der Familie so aussahen wie sie! Nicht, dass irgendwer angenommen hätte, die Hunde seien Drillinge oder sie stammten aus derselben Rasse, doch wenn Sie sich plötzlich mit zwei anderen Menschen auf einem Planeten voller käferäugiger Monster wieder finden würden, wäre es Ihnen doch egal, wenn Ihre Mitmenschen eine andere Haarfarbe, einen anderen Geschmack oder andere politische Ansichten hätten. Als Gracie in die Küche kam und es ihr ganz langsam dämmerte, dass Sarah und Dottie wirklich alle wesentlichen Eigenschaften mit ihr teilten (vier Beine, Pfoten, Rute, Schnauze, hängende Ohren, Fell) rannte sie hin, um sie mit dem Hundeäquivalent von *Na Mädchen, was läuft denn so?* zu begrüßen.

Wenn Hunde ihren eigenen Freimaurer-Handschlag haben, so kannte Gracie ihn nicht. Sarah und Dottie reagierten einstimmig mit der Hundeversion von *Zurück, Pennerin, wenn dir dein Leben lieb ist!* Es ging nicht nur darum, dass sie lauter bellten, als wir sie je bellen gehört hatten, sie taten auch Dinge, die Hunde sonst nur in Büchern oder Filmen tun, sie bleckten die Zähne und ließen die Kiefer zuschnappen. Stellen Sie sich zwei ausgehungerte Krokodile vor, die hinter Gracie her waren!

Mark sprang mehr oder weniger über den Küchentisch, um sie am Halsband zu erwischen. Ich nahm Gracie hoch und kehrte Sarah und Dottie den Rücken zu. Dann beobachtete ich sie über die Schulter hinweg, während sie für das Remake von Stephen Kings *Cujo* probten. Mark hielt sie zurück, aber ihr plötzliches Umschwenken von süß zu bösartig machte mir Angst. Gracie zeigte die einzig angemessene Reaktion für einen Welpen in einer solchen Situation: Sie begann zu hyperventilieren.

»Das glaube ich nicht!« rief Mark. »Ich habe sie noch nie so erlebt. Das ist doch vollkommen verrückt!« Als wolle sie Marks Worten Nachdruck verleihen, versuchte Dottie in unsere Richtung zu stürmen.

Mark ist aber nicht der Typ, der sich von Tieren an der Nase rumführen lässt, im Gegensatz zu – na ja, im Gegensatz zu jemandem, von dem sie in diesen Seiten gelesen haben mögen. Zu allen Geschöpfen ist er so freundlich, wie man es sich nur wünschen könnte, aber in der Sekunde, in der eines von ihnen die Grenze übertritt, braucht Mark nur einen Augenblick, um klarzustellen, wer der Alphahund ist. Dann tut das Geschöpf gut daran, sich zusammenzureißen, und zwar *sofort*! So erklärte sich die akustische Explosion, die die Dielen erschütterte, von den Wänden widerhallte und die beiden jugendlichen Kriminellen tatsächlich übertönte. »Sarah, Dottie – SITZ!«

Die schaurigen zwei hielten mitten in der Bewegung inne. Es sah aus, als stünden sie auf ihrem Sonntagnachmittagsspaziergang auf dem Berg Sinai plötzlich dem Ganz Großen Typ von Angesicht zu Angesicht gegenüber. *»SITZ!«* Sie tauschten einen besorgten Blick aus: *Oh je, diesmal haben wir uns so richtig reingeritten!*, bevor sie ihre schuldigen Leiber bebend dem Boden näherten. »RUNTER!« Als sie sich auf die Fliesen legten, hätte ich schwören können, sie schniefen gehört zu haben. War das Furcht? Reue? Ein plötzliches Verständnis für die Folgen ihres Tuns? Wahrscheinlich nicht, wahrscheinlich hatten sie einfach nur Angst, angebrüllt zu werden. Zumindest hatte Marks ohrenbetäubendes Geschrei sie in augenblickliche Unterwerfung gezwungen, selbst wenn es auf Kosten meines Gehörs gegangen war.

Gracie hechelte immer noch wie gehetzt in meinem Arm, also drehte ich mich um, um ihr zu zeigen, dass die grausigen Monster inzwischen zu zitternden Angsthäschen verwandelt worden waren. Noch im Umdrehen kam mir der Gedanke: *Vielleicht ist das nicht so eine gute …*, aber ich war schon mitten in der Bewegung und konnte meinen Schwung nicht bremsen. Sowie Sarah und Dottie Gracies schnaufende kleine Schnauze sahen, explodierten sie fast unter Mark hervor. Sie heulten: *Pack den Dieb! Achtung! Schnapp ihn dir!* oder so ähnlich.

Irgendwie bellte Mark sie wieder nieder, und sowie sie, jedenfalls für diesen Moment, zu seinen Füßen lagen, sagte er: »Dan. Warum bringst du Gracie nicht für den Abend nach oben? Ich glaube, uns geht es allen besser, wenn sie etwas Luftveränderung bekommt.« Seine Augen quollen leicht hervor, und er sprach mit einer Ruhe, wie sie wohl der Kapitän der Titanic an den Tag gelegt haben muss (»Herrschaften, es sieht so aus, als würden wir unsere übliche Route nach New York heute nicht einschlagen …«). Deshalb gelangte ich zu der Ansicht, dass dies nicht die beste Zeit war, um Strategien zu diskutieren. Ich trug Gracie nach oben und legte sie neben mich ins Bett. Ich machte mir solche Sorgen um sie, dass ich mich dazu entschloss, lieber eine Wiederholung von *L. A. Law* sausen zu lassen und bis zum Einschlafen zu lesen. Bestimmt sähe morgen alles wieder ganz anders aus.

Am nächsten Morgen gelang es mir, mich mit Gracie im Arm nach unten zu schleichen, solange Sarah und Dottie noch Marks Füße wärmten. Der Morgen hatte harmlos genug mit unseren Abenteuern begonnen, wie man Halsband und Leine *nicht* anlegt, gefolgt von einem wunderbar müßigen Spaziergang, aber als wir an die Küchentür kamen, warteten Sarah und Dottie dort auf uns wie Rizzo und Frenchy aus der harten Mädchenbande aus *Grease*. Ich würde ja gerne behaupten, dass zwei noch nicht ganz ausgewachsene weibliche Hunde mich nicht einschüchtern konnten, aber dieses hier ist kein Roman, und deswegen bin ich gezwungen, Ihnen zu erzählen, was wirklich geschah. Nachdem ich ein paar Minuten darauf gewartet hatte, dass sie das Interesse verloren *(Ah, er hat nicht den Nerv mit diesem kleinen Hosenscheißer ins Haus zurückzukommen, was meinst du, Riz? Du sagst es, Frenchy – er hat sowieso nur noch zwei Beine, und er sollte uns lieber von der Pelle bleiben, wenn er an dem hängt, was er hat)*, entschloss ich mich dazu, ihnen den Fehdehandschuh hinzuwerfen.

Ich steckte Gracie unter meine Jacke und betrat die Küche rückwärts, sodass ich Gracie mit meinem Körper deckte. Aber Gracie muss ihre Todesangst des vorangegangenen Abends vergessen haben, denn sie wand sich aus meiner Jacke und rutschte an meinem Bein herunter, bevor ich sie daran hindern konnte. Waren Sie schon mal bei einem Hunderennen? Dann kennen Sie den kleinen elektrischen Hasen, den die Hunde um die Bahn jagen? Nun, obwohl Gracie keine runde Nase und hoch stehende Ohren hatte, mussten Sarah und Dottie keinen Moment überlegen, bevor sie von der Küche ins Wohnzimmer hinter ihr herstürmten, und ich stolperte wiederum hinter ihnen her und rief: »Nein! Hört auf! Wartet!«

Ich hätte genauso gut mit einer Peitsche knallen und »Schnauze!« rufen können. Gracie entwischte unter den Couchtisch, Dottie war ihr dicht auf den Fersen. Zu dicht, wie sich herausstellte – denn da Dottie doppelt so groß war wie Gracie, schlitterte sie in den Tisch wie ein Mack Truck auf einer vereisten Straße, anstatt darunter zu verschwinden, wobei sie den Tisch umkippte und meine heiß geliebte Elvislampe in eine Million Splitter zertrümmerte.

Ich befürchtete, dass die Hunde sich an den scharfen Scherben, die auf dem Boden herumlagen, schneiden könnten und machte einen Satz, um als menschliches Schutzschild zwischen Hunden und Scherben zu fungieren. Das hätte auch funktionieren können, wenn Sarah nicht aus einem anderen Winkel in dieselbe Richtung geschossen wäre. Es gibt ein physikalisches Gesetz, dass sich zwei Körper nicht zur selben Zeit am selben Ort befinden können, aber Sarah hatte das offensichtlich noch niemand erklärt. Sie stürzte in den Turm aus Zeitungen und Zeitschriften, die ich eigentlich längst zur Altpapiersammlung zusammenbinden wollte, schmiss ihn in einer Zeitlupenlawine aus Zeitungs- und Hochglanzpapier zu Boden und landete mit einem vollendeten Spagat auf allen vieren. Auch ich landete auf allen vieren, in einer Stellung durchgebogen, die es bei Yoga für Fortgeschrittene geben muss, während mich tödliche Elvistrümmer anfunkelten. Als ich den Kopf hob, starrte ich direkt in Sarahs leicht benommene Augen. Mir blieb keine Zeit, den Moment bewusst auszukosten, denn Dottie hatte sich schon wieder aufgerappelt und raste hinter Gracie her, die, nach dem, was ich aus dem Augenwinkel ausmachen konnte, im Raum herumzuhüpfen schien wie ein Flummi.

Natürlich war Sarah davon elektrisiert. Ihre Anstrengungen, auf die Füße zu kommen, waren aber etwa so erfolgreich, wie man es von einem neugeborenen Fohlen erwartet, das Rollschuhe trägt, und brachten sie nur dazu, mit der Schnauze voran in meinen Nacken zu pflügen. Als ich auf die Seite rollte, griff ich mit beiden Händen nach Sarah und sie landete (eher unabsichtlich) in einer Position auf meiner Brust, die perfekt für den klassischen Hollywood-Kuss gewesen wäre, wenn es in Hollywood nicht solche Vorurteile gegen Liebe zwischen den Arten geben würde. Gerade als ich bemerkte, dass ich rätselhafterweise nicht auf irgendwelchen Keramikbruchstücken gelandet war, sprang Sarah von mir herunter, um sich der Jagdgesellschaft anzuschließen, die in der Zwischenzeit, nach den Geräuschen der Zerstörung zu urteilen, in die Küche und wieder zurückgedonnert war.

Wackelig kam ich auf die Beine und brüllte ein paar

weitere Kommandos aus der »Wartet! Halt«-Kategorie, obwohl ich wusste, dass sie keine Wirkung auf Gracie hatten. Ich hätte es nur ganz nett gefunden, wenn irgendwer auf mich gehört hätte. Und so war es tatsächlich. Wenn es auch Mark war, den wir hörten, bevor wir ihn sahen.

»SITZ! JETZT!« Die biblisch grollende Stimme von oben, die selbst heidnischen Herzen Furcht eingeflößt hätte, brachte Ordnung ins Chaos. Wenigstens halbwegs. Sarah und Dottie blieben wie angewurzelt stehen, während Gracie weiterhin rumsprang.

»BLEIB DA!« Ich drehte mich um – und sah nicht Charlton Heston die Treppe herunterkommen, sondern Mark, klatschnass, in seinem Bademantel zitternd und mit einem Gesichtsausdruck, der das Phantom der Oper erschreckt hätte. Ich bewegte mich nicht (es bestand immerhin die Möglichkeit, dass er mich meinte), und Sarah und Dottie wagten sich auch nicht vom Fleck. Doch Gracie war ungebremst, und als sie auf Mark zuschlitterte, war es die Kombination aus ihrer Geschwindigkeit, seiner Überraschung und seinen nassen Füßen, die ihn mit einem sehr unbiblischen »Oh Mist!« zu Fall brachte.

Seine jähe Entthronung erweckte Sarah und Dottie augenblicklich aus ihrem Gehorsamkeitsstupor, und sie schossen hinter Gracie her, wobei sie über Mark hinweghechteten, als sei er ein Baumstamm und Gracie der Fuchs, auf den sie Jagd machten. Mark so in der Beta-Hund-Stellung liegen zu sehen, blähte mein Selbstbewusstsein auf. Ich sprang selbst über Mark, folgte der Meute in die Küche und brüllte ein völlig nutzloses *»Gracieee!«*

Es stand unentschieden: Gracie kauerte unter einem niedrigen Hocker, auf dem sich leere Pizzaschachteln türmten, umkreist von Sarah und Dottie, die das Hundekriegslied heulten. Ich tauchte nach Gracie, warf den Hocker mitsamt Pizzaturm um, rollte mich auf den Rücken und hielt ihren zitternden kleinen Körper ganz nah an dem meinen. Ich fühlte mich heldenhaft, bis ich sah, dass wir jetzt alle beide unseren knurrenden Häschern auf Gedeih und Verderb ausgeliefert waren. Ich versuchte mir zu überlegen, wie ich den zweiten Teil dieser Flüchten-oder-Standhalten-Sache bewerkstelligen sollte, als sich plötzlich ein Paar viel größerer haariger Beine direkt vor mir aufbaute.

»SITZ! PLATZ! BLEIB DA!« Offensichtlich hatte sich Mark von seiner Leibesvisitation durch eine Kreatur erholt, die ihm noch nicht mal ans Knie reichte, und hielt das Heft wieder in der Hand.

Er ließ sich zwischen Sarah und Dottie auf ein Knie nieder, packte sie im Nackenrist und entblößte seine eigenen Fangzähne. »Jetzt hört mal gut zu, Ladys«, knurrte er. »Dies war das letzte Mal, dass ihr so eine Nummer mit eurer kleinen Schwester abgezogen habt. Gracie bleibt bei uns und ihr habt damit klarzukommen.« Sie wimmerten wie Kinder, die eine Tracht Prügel auf sich zukommen sehen. Aber sie sollten keine Schläge kriegen, etwas viel Schlimmeres erwartete sie, etwas, woran die meisten Hunde noch nicht einmal zu denken wagen. Auf sie wartete eine ... SPIELPAUSE!

Mark hockte sich hin, hielt Sarah und Dottie aber weiter am Nackenfell gepackt. »Ich glaube, was ihr beide jetzt braucht, ist ein bisschen Zeit für euch allein.« Sie schalteten in den zweiten Winsel-Gang, als wüssten sie ganz genau, was er meinte, und dann, als er sie zur Treppe führte, verwandelte sich die Winselei in eine Art Ächzen. Aber fühlte ich mit ihnen? Ha! Na ja, vielleicht eine Sekunde lang, aber dann wandte ich mich ganz der ärmsten Gracie zu, bei der ich alle Symptome des Posttraumatischen-Hunde-Stress-Syndroms zu sehen erwartete. Stattdessen sah ich, wie Gracie mit dem Ausdruck reinster Welpenfreude zu mir hochblickte. Sie biss mich ganz leicht ins Kinn, drehte mir das Hinterteil zu, verschwand mit einem gemeinen Blick über die Schulter unter dem nächstgelegenen Packen Schachteln und begann herumzutunneln. Der kleine Racker war überhaupt nicht eingeschüchtert – sie hielt dies für ein ausgebufftes Spiel, das wir ihr zum Spaß organisiert hatten, genau wie die Übung mit der Leine und dem Halsband. *Hallo ihr, lasst uns alle zusammen im Haus rumlaufen und ein riesiges Durcheinander veranstalten!* Als ich mich hinkniete, um sie hervorzuholen, hörte ich Marks Stimme über meiner Schulter.

»Hm, hast du dein kleines quietschendes Kotelett verloren?«

»Sehr witzig«, sagte ich und umfasste Gracies warmen kleinen Bauch. »Vor allem von dem Mann, dessen Kampfhunde mein kleines Bündel ... hier terrorisieren.« Ich nahm Gracie, legte mich mitten zwischen die Schachteln auf den Rücken und hob sie über mich in die Luft. Was für ein kleiner Clown.

»Terrorisiert haben«, sagte Mark und wischte sich die Hände ab. »Ich kann mir nicht vorstellen, dass sie dein kleines Fellbällchen noch mal belästigen werden. Bestimmt nicht.« Er ging zur Kaffeemaschine. In der Ferne konnte ich die gedämpften Geräusche entsetzlicher Hundequal hören – sie waren in verschiedenen Zimmern eingesperrt und mussten es ganze zehn Minuten ohne irgendetwas und irgendjemand aushalten!

»Beckloff ist zurück«, sagte ich in meiner besten Demnächst-in-Ihrem-Kino-Stimme. »Und diesmal geht's Ihnen so richtig ans Leder!«

Mark stieg drauf ein und stieß hervor: »Treib's nicht zu weit, Mann! Ich warte nur drauf, dich alle zu machen.«

»Oooh! Ich bebe!« Ich rappelte mich auf, Gracie wie ein Laib Brot unter den Arm geklemmt – ein ziemlich quirliger Laib Brot. Er hatte vergessen, dass Ultra-Gracie mich beschützte – halb Welpe, halb todbringende Maschine. Ich hielt sie in Marks Richtung: »Mach ihn kalt, Gracie! Geh ihm an die Halsschlagader!«

Sie leckte ihm nun so gründlich den Hals, dass er sich umdrehte, um sie auf die Nase zu küssen. Er erklärte ihr, dass sie von »diesen snobistischen Schwestern« nichts mehr zu befürchten habe, und sie schien ihm Glauben zu schenken.

Ich war nicht so sicher.

Ich brachte Gracie in eins der anderen leer stehenden Zimmer und hoffte, dass Sarah und Dottie, wenn Mark sie hinausließ, keinen Weg finden würden, um sich durch die Wände zu graben. Ich legte den Boden mit Zeitungspapier aus und ließ Gracie mit einer Schüssel frischem Wasser, etwas Fressen und ihren beiden neuen Spielzeugen, Mr. Rechts und Mr. Links (früher als Dans Anzugsschuhe bekannt) zurück. Ich fand es schrecklich, sie den ganzen Tag allein zu lassen, also schmiss ich ihr noch ein Paar Turnschuhe hin, die ihr Gesellschaft leisten sollten, und dann dachte ich mir, *Ach, zum*

Teufel und warf ihr einen Wollpullover vor, den mir meine Tante letztes Weihnachten geschenkt hatte. Dann hetzte ich zur Arbeit. Ich versuchte mich mit dem Spruch: Zehn Minuten zu spät ist eigentlich gar nicht zu spät, zu beruhigen, aber ich wusste genau, dass ich von Glück reden könnte, wenn ich bis 9.30 Uhr eintraf.

In dem Moment, in dem ich in die Tür trat, waren Sarah und Dottie zur Stelle, um mich zu begrüßen, aber ohne ihre sonstige Begeisterung – eher so in der Art von *Ach, du bist's*. Ich wusste nicht, ob das auf ihre Läuterung durch die Zeit im Loch zurückzuführen war und sie mich für diese Strafe verantwortlich machten, oder ob sie sich erneut schuldig gemacht hatten, indem sie Gracie gerade eben ein Bein abgerissen …

Ich rannte nach oben und stieß die Tür auf. Ich sah mich mit der überraschenden Abwesenheit von Durcheinander konfrontiert. Das Flurlicht weckte Gracie aus etwas, was ich für Zen-Meditation hielt. Ich entschuldigte mich dafür, sie allein gelassen zu haben, und sie vergab mir mit einer Gesichtswäsche, die andauerte, während ich den Boden sauber machte und die Opfer des Tages zusammensammelte (zwei Turnschuhe und ein Pulli, die sie noch nicht einmal kommen gehört hatten). Dann nahm ich sie hoch und lief auf Zehenspitzen den Gang runter.

»Sarah? Dottie?« flüsterte ich, denn wenn sie mir schon auflauerten, sollten sie es wenigstens dann tun, wenn ich bereit war.

»Hey, komm runter!« Mark war nach Hause gekommen und zappte sich durchs Programm, einen Hund zu jeder Seite. Sie waren beide vollkommen bewegungslos. Wahrscheinlich übten sie, um die Löwen zu ersetzen, die man über die Treppen vor Museen und Büchereien wachen sieht. Aber als wir das Sofa umrundeten, fuhren Sarahs und Dotties Köpfe herum. Die Hunde schossen in die Höhe.

»Wer hat euch erlaubt, euch zu rühren?« Mark wandte keinen Blick vom Fernseher und sprach so ruhig wie zu einem Baby.

Und tatsächlich, Sarah und Dottie zogen die »Augen geradeaus!«-Nummer durch und ließen sich in einer einzigen, fließenden Bewegung zeitgleich zu Boden sinken.

Mark stellte den Fernseher stumm. »Okay«, sagte er. »Ich hab's geschnallt.«

Vielleicht erinnern Sie sich, dass ich erwähnte, was für ein logisch denkender Bursche Mark ist. Er nähert sich allen Dingen wissenschaftlich – sieht sie sich von allen Seiten an, nimmt sie auseinander, setzt sie wieder zusammen etc. Im Grunde war es genau das, was ich nicht konnte, wenn man mich in ein Zimmer setzte, mir ein Fisher-Price-Spielzeug gab, fünf Anleitungsschritte und ein Jahr, um es zum Laufen zu bringen. Wissen Sie, ich verstehe einfach keine Anweisungen, und außerdem hören sich die Erklärungen anderer Leute für mich irgendwann immer so an wie Erwachsenengeschwätz in den Peanuts-Cartoons. Während Mark mir also in aller Ausführlichkeit erläuterte, was er getan hatte, um Sarah und Dottie auf die Reihe zu kriegen, und was ich meinerseits zu tun hätte, um ihn dabei zu unterstützen, beobachtete ich die Handbewegungen, mit denen er seine Worte unterstrich. Um es genau zu sagen, beobachtete ich Gracie, wie sie Marks Gesten zusah und versuchte, nach der Hand zu schnappen, wenn sie in ihre Richtung kam. Und Mark redete einfach immer weiter: »Bla-bla-bla, bla-bla, bla-BLAH-blah-blah …« Ich begann mich allmählich schon zu fragen, ob Taubheit nicht doch Vorteile hatte.

Schließlich schien er überzeugt, dass seine Botschaft der Hundeunterwerfung verstanden worden war, und stiefelte in die Küche, wobei er uns vier, Gracie, die Piranha-Schwestern und mich – wieder allein im Zimmer ließ. Ich konnte mein Herz gegen die Rippen schlagen hören und von irgendwoher kam mir der Begriff Haifischgewässer in den Sinn. Die Augen der Mädchen bohrten sich in Gracie und mich, und ich begann, mich langsam aus dem Zimmer zurückzuziehen, als ich eine Stimme aus der Küche brüllen hörte: »Vergiss nicht, was ich dir gesagt habe!«

Ich presste meine Lippen auf Gracies warmen Kopf und murmelte: »Ich nehme nicht an, dass du's mitgekriegt hast, oder?« Gracie neigte den Kopf, um mich anzusehen, strahlte mich aus diesen babyblauen Augen an und schenkte mir die Andeutung eines Lächelns.

Zum Glück wiederholt Mark sich gern. »Darfst sie einfach nicht wissen lassen, dass du Angst hast. Musst ihnen zeigen, wer der Boss ist. Setz dich einfach so hin, als gehörte dir das Haus.«

Ich tastete mich zur Couch zurück und hielt Gracie

noch ein kleines bisschen fester. Sarah und Dottie ließen uns nicht aus den Augen. Ich stieg über Dottie zur Fernbedienung auf Marks Platz mitten auf dem Sofa und ließ mich fallen. Ich bemühte mich sehr, so zu tun, als würde mir das hier alles gehören, aber selbst wenn ich die Hypothek vergaß, war das schwer, vor allem solange Sarah und Dottie mir den bösen Blick zuwarfen. Ich tat so, als hörte ich dem Nachrichtensprecher zu, wie er über irgendetwas redete, das ganz offensichtlich sehr wichtig war. Gracie schien es sich in meinem Schoß bequem gemacht zu haben und genauso gefesselt zu sein von den Ereignissen der Welt. Sarah und Dottie hatten ihre Blicke langsam wieder dem Bildschirm zugewandt, als das Undenkbare passierte: Gracie flitschte aus meinen Armen wie ein eingeöltes Ferkel, rutschte von der Couch und landete auf dem Boden, genau zwischen Sarah und Dottie.

Ich hielt den Atem an. Gracie rutschte mit dem Hinterteil zurück, sodass sie in derselben Stellung lag wie die Mädchen, und sah eifrig hechelnd von einer zur anderen, wobei ihr die Zunge ganz leicht aus dem Maul hing, ohne jede Spur von Furcht: *Na ihr, hab ich Recht? Sieht man so fern?*

Beide Hunde sahen auf Gracie hinunter, dann sahen sie sich an. Sarah wandte sich ab und beugte sich vor, um ihre Vorderpfote abzulecken: *Oh, was ist denn das? Ist das etwa Staub auf meinem sonst so makellosen Fell? Das werden wir nicht dulden.* Dottie sah zu Sarah, dann zu Gracie hinunter, schüttelte ihren Kopf und machte ein Geräusch irgendwo zwischen Seufzen und Schnauben: *Tjah, eben schlechte Nachbarschaft.* Dann wandten sich alle drei dem Fernseher zu.

Als ich in dem zugigen Wohnzimmer auf der Couch saß, wir fünf im flackernden Licht des Bildschirms, wurde mir klar, dass Mark Recht hatte: Gracie drohte keine körperliche Gefahr von Sarah und Dottie. Was wir damals noch nicht wussten, war, dass sie ab jetzt in gefühlsmäßiger Gefahr war. Die Natur spielte einen gemeinen Streich – sie erschuf das Abbild einer pubertären Mädchenclique in unserem Wohnzimmer.

Glücklicherweise liebt die Natur das Gleichgewicht. Die Lösung des Problems, auf die unsere kümmerlichen menschlichen Gehirne nie gekommen wären, lieferte sie gleich mit: Es ist viel leichter, eine Kreatur einzuschüchtern, die halb so groß ist wie du, als eine, die doppelt so groß ist wie du und außerdem noch weiterwächst.

Wachsen war eine Untertreibung für das, was Gracie tat – sie explodierte eigentlich eher, als vergrößere man ein Bild auf das Zehnfache. Sie wog zwölf Pfund, als ich sie mit acht Wochen bekam. Zwei Wochen später wog sie 20 Pfund, einen Monat darauf fast 40 Pfund, und als sich ihr halbjähriger Geburtstag näherte, brachte sie 85 Pfund auf die Waage! Ein Hundepullover, der ihr am Dienstag passte, quetschte ihr am Donnerstag die Luft ab. Wenn man sie genau ansah, konnte man regelrecht zusehen, wie sie größer wurde. Ich gewöhnte mich an den Ausdruck höflichen Schreckens in den Augen unserer Nachbarn, als sie ihre Pfoten bemerkten, die etwa die Größe von Clownsschuhen hatten: »Oh je! Das wird aber ein *großes* Mädchen, nicht wahr?« Sie sahen sich an, wie sie den Bürgersteig runtertrabte und plötzlich innehielt, um mit dem winzigsten Käfer zu spielen, als sei er ihr in Größe und Status ebenbürtig, oder wie sie sich überschlug, weil die hinteren Pfoten vor die vorderen geraten waren. Ein paar Leute waren unverschämt genug zu grinsen, als sie herausfanden, dass sie Grace – Gnade, Anmut – hieß, ein paar brachen in schallendes Gelächter aus.

Aber niemand war verblüffter über Gracies Wachstum als Sarah und Dottie. Man konnte es ihnen fast an den Augen ablesen … ihren Unglauben und ihre Unruhe über diese anschwellende Gestalt. Mir entging nicht, wie sie erst Gracie und dann sich wechselseitig ansahen, als fragten sie sich: *Wird sie je aufhören zu wachsen?* Mit fünf Monaten war Gracie so groß und so schwer wie die Mädchen. Missgünstig erwiesen sie ihr etwas mehr Respekt, vielleicht waren sie auch nur vorsichtiger. Zuneigung war es jedenfalls nicht. Trotzdem war ich immer noch wild entschlossen, Gracie in ihrer Mitte zu positionieren, selbst wenn das eine Weile lang schmerzhaft sein sollte.

Das Erste, was Mark und mir auffiel, als alle drei Mädchen in derselben Gewichtsklasse spielten, war, dass Gracie Dottie anbetete. Sie folgte Dottie buchstäblich überall hin, und sie versuchte, Dottie alles nachzumachen – wenn möglich, zur selben Zeit. Das bezog sich auch auf die Körperfunktionen: Wenn Gracie vor Dottie fertig war, dann tat Gracie eben so, als müsse sie auch noch. Ungefähr das Einzige, was sie nicht tat, war, sich mit einem Filzstift überall Punkte aufzumalen. Nun ist es ja so, dass die meisten von uns es nicht ausstehen können, wenn man uns länger als eine Minute nachmacht, aber wenn Dottie sich davon belästigt fühlte, ließ sie es sich nie anmerken – denn das hätte bedeutet, Gracies Existenz einzugestehen.

Wenn mich die Beziehung auch verwirrte, für Mark war sie leicht nachvollziehbar. Wir entdeckten diese Meinungsverschiedenheit eines Abends, als wir den schimmeligen Verputz in einem der Schlafzimmer abklopften und die Mädchen auf den Brocken und in dem Staub herumtanzten.

»Es ist doch offensichtlich«, sagte Mark aus keinem ersichtlichen Grund. »Sie sieht Dottie als bewundernswertes weibliches Rollenmodell an und sie will genauso sein wie sie.«

»Was? Indem sie alles, was in ihrer Reichweite ist, verschlingt? Schnell rennt? Hilflose kleine Hündchen terrorisiert?« Ächzend schlug ich den Vorschlaghammer in den Verputz. Mit dem Ergebnis einer reichlichen Delle.

Mark rammte seinen Hammer noch fester rein. Zurück blieb ein wie von einem Riesen ausgestanztes Loch. Er wandte sich um und schoss mir einen Wie-bitte?-Blick zu. »Beleidigst du meinen Hund? Du beleidigst doch nicht meinen Hund, oder? Weil es sich genau so angehört hat, als würdest du meinen Hund beleidigen.«

»Hör mal zu, Jake LaMotta. Ich beleidige deinen Hund nicht. Ich frage dich nur, was Gracie hoffen könnte, von deinem Hund zu lernen. Außer zu pissen.«

Mark schüttelte den Kopf. »In Ordnung.« Er zählte ein paar Eigenschaften an seinen Fingern ab: »Charakter. Entschiedenheit. Loyalität. Mut.« Er suchte nach einem Wort. »Beharrlichkeit.« Ein Lächeln flackerte über sein Gesicht. »Weißt du – all das, was sie von dir nicht lernen kann.«

»Pass auf, Freundchen. Ich hab einen Vorschlaghammer in der Hand.« Ich verlieh meiner Drohung Nachdruck, indem ich eine weitere Delle in die Wand schlug.

Mark konterte mit einem Schlag, der durch den Verputz auf die dahinter liegenden Metallverstrebungen traf. Sarah und Dottie reagierten darauf, als sei es ein Schneetreiben, sie sprangen in die Luft wie ein Paar pelziger Korkenzieher, um sich die Trümmer zu schnappen. »Jaaaa. Ich habe ungefähr so viel Angst vor deinem Hammer wie vor deinem Killer-Wachhund da drüben.« Ich drehte mich um und sah Gracie in der Ecke mit einer Abdeckplane ringen, die offensichtlich eine tödliche Bedrohung für sie darstellte.

Ich machte eine Pause. Und distanzierte mich einen Schritt von diesem Kraftaufwand, auch wenn es hauptsächlich Marks war. »Sieh mal. Alles, was ich sage, ist, dass ich nicht erkennen kann, was sie von Dottie zu lernen glaubt, was sie nicht genauso gut von jedem anderen Hund auf der Welt lernen könnte. Von Sarah, zum Beispiel.«

Mark setzte seinen Vorschlaghammer ab und lehnte sich mit einer solchen Lässigkeit darauf, dass man fast Erfahrungen in einer Kolonne aneinandergeketteter Sträflinge bei ihm voraussetzen konnte. Er sah Gracie an, dann Dottie, dann Sarah, dann wieder Dottie. »Tupfen.«

»Was?«

»Tupfen. Das muss es sein. Sie will auch welche, und sie denkt sich, wenn sie sich so verhält wie Dottie, kriegt sie welche ab.«

Ich saugte mir fast die Zähne aus dem Kiefer. »Ah-ha. In Ordnung. Vielen Dank, Herr Doktor.«

Leider konnte alle Nachahmung der Welt Dottie nicht dazu bringen, an Gracie Zeit, geschweige denn Pünktchen zu verschwenden, und Gracie gewann auf die Tour auch keine Punkte bei Sarah. Nachdem sie erst gedroht hatten, ihre kleinste Schwester zu Mittag zu verspeisen, waren Dottie und Sarah jetzt dazu übergegangen, Gracie vollkommen zu ignorieren. Sie schubsten Gracie weg, wenn Mark mit ihr sprach, ließen jedes Spielzeug links liegen, wenn Gracie damit spielen wollte, und im Garten rannten sie buchstäblich weg, wenn Gracie auf sie zukam.

Zuerst wollte ich meinen Augen kaum trauen. Was Hundepsychologie anging, so hatte ich mich bisher der Illusion hingegeben, was auch immer Hunde tun mögen, wie sie ihre Gefühle auch immer zum Ausdruck bringen, eines war sicher: Niemals benehmen sie sich wie Katzen. Nun, Sarah und Dottie belehrten mich schnell eines Besseren. Irgendwie schafften sie es, sich unwahrscheinlich katzenartig zu verhalten und Gracie wie einen Hund zu behandeln.

Es war, als würde ich die schlimmsten Kindheitserlebnisse in einer Endlosschlaufe nacherleben, und dabei wusste ich, dass ich nichts tun konnte, um Gracie zu erklären, was hier ablief: *Sieh mal, meine Süße, achte einfach nicht auf diese gemeinen Mädchen – sie sind nur unsicher, und sie glauben, wenn sie es schaffen, dass du dich schlecht fühlst, ginge es ihnen besser*. Selbst wenn Gracie mich hören und dann auch noch meine Worte verstehen könnte, es wäre wahrscheinlich nicht hilfreicher als damals, als mir meine eigenen Eltern solche Sachen gesagt haben.

Ich wollte einmal sehen, wie sie sich wehrte und die beiden Tyranninnen in ihre Schranken verwies. Doch als jener schicksalsträchtige Tag schließlich kam, waren wir alle überrascht – alle außer Gracie.

Etwa innerhalb einer Woche nach Gracies Ankunft hatten die drei Mädchen ihre unumstößliche Freßgewohnheiten. Jede von ihnen bekam ihren eigenen Napf, Sarahs und Dotties stellten wir auf den Boden, Gracies auf einen Stuhl. Sarah schlang ihr Fressen mit ein oder zwei Maulvoll hinunter und trottete weg, dabei ließ sie immer ein paar Bröckchen für Dottie über. Dottie brauchte etwas länger, um ihre Portion aufzufressen, und dann säuberte sie Sarahs Napf und schlenderte hinter ihr her. Aber Gracies Fress-Stil war etwas Besonderes. Zuerst bedankte sie sich: Bevor sie sich ihrem Napf näherte, sah sie zu mir hoch, wedelte mit dem Schwanz und leckte sich die Lefzen. Jetzt denken Sie vielleicht, das sei Vorfreude, aber sie tat es immer genau zur selben Zeit vorm Fressen – und nie, wenn das Fressen hergerichtet wurde und alle guten Gerüche ausströmte. Erst nachdem sie sich angemessen bei mir bedankt hatte, ließ sie sich auf den heiklen Vorgang des Fressens ein: Jedes Bröckchen ließ sie sich einzeln auf der Zunge zergehen (wenn sie heißhungrig war, nahm sie zwei auf einmal), eine gute halbe Stunde oder länger, bevor sie im Haus herumschnüffelte, um herauszufinden, wo die Action stattfand.

Eines Abends, als Gracie etwas über ein Jahr alt war, wurden diese Gewohnheiten über den Haufen geworfen. Ich weiß immer noch nicht warum, vielleicht war Vollmond oder Merkur war rückläufig oder ich hatte Sarah sieben Hundekuchen weniger als sonst gegeben. Aus welchem Grund auch immer, Sarah leckte ihren Napf aus. Wenn Sie denken sollten, dass Dottie so etwas nicht auffiel, dann nur, weil Sie Dottie nicht kennen. Sie kippte Sarahs Napf um, um nachzusehen, ob Sarah ihre Hundekuchen als eine Art schlechten Witz versteckt hatte, dann warf sie wie rasend ihren Kopf herum: *Nein! Nein! Das kann nicht wahr sein! Es ist nur ein entsetzlicher Traum!* Aber es war kein Alptraum, meine Freundin, es war grausame Wirklichkeit: Sarah hatte Dottie nicht ein einziges Bröselchen übrig gelassen!

Ein anderer Hund, vielleicht einer mit weniger Flecken, hätte das vielleicht hingenommen, hätte vielleicht die Schultern gezuckt und gedacht: *C'est la vie* oder

Que sera sera, oder etwas Ähnliches in einer weiteren Sprache, die ich nicht spreche. Aber nicht Dottie. Nachdem sie ihr Gleichgewicht wiedergefunden hatte, schätzte sie die Situation ganz nüchtern ein und trottete auf Gracies Terrain, wo sie anfing, an ein paar Hundekuchen zu schnuppern, die Gracie auf den Boden gefallen waren. Großer Fehler.

Trotz Gracies anspruchsvoller Manieren fielen im Verlauf der Mahlzeit immer ein paar Bröckchen auf den Boden (die Kiefer Deutscher Doggen sind nicht gerade Operationspinzetten). Ich hatte immer gedacht, das würde ihr nicht auffallen, weil sie sich nie die Mühe machte, diese verstreuten Häppchen aufzusammeln, schließlich fraß sie fast nie das auf, was in ihrem Napf war. Aber an diesem Abend bemerkte sie noch während des Gelages die ungewöhnliche Nähe Dotties. In dem Moment, in dem Dottie sich hinunterbeugte, um ihre Schnauze den geheiligten Hundekuchen zu nähern, knurrte Gracie. Dann ließ sie ihre Kiefer mit der Wucht einer Bärenfalle aufeinander knallen, und zwar unmittelbar neben Dotties Schnauze – es war die Sache eines Zentimeters und sie hätte ihrer Schwester die Nase abgebissen. Dottie taumelte entsetzt zurück, und ich packte Gracie am Halsband, während sie schnappte und bellte, was Dottie in die Tiefen des Hauses fliehen ließ in einem verängstigten Kuddelmuddel aus Flecken und Winseln.

Und dann, ohne die geringste Pause oder einen Blick auf die verstreuten Hundekuchen, die sie gerade eben noch so heftig verteidigt hatte, kehrte Gracie zu ihrem Napf zurück, fraß alles auf und hüpfte freudig davon, um herauszufinden, was Dottie im Schilde führte.

Dottie war immer noch Gracies Idol – das änderte sich nie. Aber an diesem Abend hatte Gracie eine Linie gezogen, die weder Dottie noch Sarah jemals wieder zu übertreten wagten. Im Grunde hatte sie ihnen mitgeteilt: *Seht mal, Mädchen. Spielt mir ruhig all eure verrotzten Streiche! Ich fühle mich sowieso schon wie das fünfte Rad am Wagen. Aber wenn ihr meinen Hundekuchen zu nahe kommt, dann kriegt ihr's mit mir zu tun. Habt ihr das verstanden?*

Ich war begeistert. Endlich hatte sich meine Kleine behauptet. Aber sofort fragte ich mich schon: *Ist das etwa alles? Werden sie ihr nie mehr erweisen als das bisschen zähneknirschenden Respekt? Wird es immer das dämonische Duo plus die eine sein, oder tun sie sich irgendwann in trauter Schwesternschaft zusammen?* Die nächsten paar Monate sollten mir diese Fragen beantworten, aber zunächst mussten wir einen Sommer im Park überstehen, der meinen Glauben an das Gute im Hund auf eine harte Probe stellte.

Der Sommer kam über Kansas City mit all seiner Schönheit, seinem Grün und seinem Mangel an Klimaanlagen. Selbst wenn wir uns Klimaanlagen fürs Haus hätten leisten können – und dieses Selbst ist so groß wie Montana –, hätten wir nicht die Reserven gehabt, um sie betreiben zu können. Stattdessen mussten wir uns entscheiden, ob wir die Fenster die 15 Zentimeter öffnen wollten, die unsere Fliegengitter aus dem Supermarkt gerade noch zuließen, oder ob wir uns von den Moskitos verschlingen lassen wollten. Unsere Lösung? Wir verbrachten die meiste freie Zeit mit den Hunden im Park.

Natürlich war es uns nicht im Traum eingefallen, dass die freien Flächen des Parks Sarah und Dottie noch mehr Gelegenheit geben würden, ihre bösen Spielchen mit Gracie zu spielen. Aber wahrscheinlich hatten sie es auch nicht direkt geplant, es war wohl einfach eine teuflische Eingebung.

Erinnern Sie sich an dieses Ballspiel, wo das kleinste Kind in der Mitte steht und die äußeren beiden sich den Ball über seinen Kopf hinweg zuwerfen? Das anscheinend nur erdacht worden ist, damit zwei ältere Kinder ein jüngeres quälen konnten, ohne Ärger zu kriegen? (Wenn Sie ein jüngstes Kind sind, dann bin ich mir sicher, dass Sie sich erinnern werden.) Ob Sie es glauben oder nicht, Hunde haben ihre eigene Version dieses Spiels, und das wurde mir eines Sonnabends im Juli klar, als Mark und ich mit allen drei Hunden im Park waren. Dottie versuchte Gracies Aufmerksamkeit auf sich zu lenken, dann rannte sie weg, damit Gracie hinter ihr herrannte, dann rannte sie Gracie weg und machte einen großen Kreis zu der Stelle, an der Sarah war, und schließlich war Sarah an der Reihe, genau dieselbe vermaledeite Runde mit ihr zu drehen. Gracie, immer gut drauf, spielte mit, aber nach einer Weile war sie es leid und ziemlich frustriert – wie ein Kind, das aufgefordert wird, Fangen zu spielen, und selbst nie gefangen wird. Sie trollte sich zu mir, ihren langen Schwanz zwischen die Beine geklemmt, als schäme sie sich, auf den Arm genommen worden zu sein, während ihre bösen Stiefschwestern ihre Nasen zusammensteckten, gemeinsam herumstreunten und dabei tratschten.

Ich versuchte, Gracie auf den gemeinsamen Kurs zu bringen, und konnte einfach nicht daneben stehen und zusehen, wie Sarah und Dottie sie ausschlossen, also entschied ich mich, für sie ein Hund zu sein. Wenn sie zur anderen Seite des Parks rannte, rannte ich zur anderen Seite des Parks, wenn sie zu der Bank rannte, auf der Mark saß und las oder nur die Sonnenstrahlen absorbierte, dann tat ich es auch. Wir sprangen hoch und drehten uns in der Luft, wir rollten uns im Gras herum und rangen miteinander ... Nach etwa zehn Minuten war ich bereit für ein zweistündiges Nickerchen. Gracie wärmte sich gerade erst auf. Sie stand hechelnd vor mir mit dem Blick, den ich inzwischen schon so gut kannte: *Was ist los? Willst du nicht spielen?* Ich wollte schon, aber ich konnte nicht. Wer hätte denn schon geahnt, dass ein Hund zu sein so schwere Arbeit war?

Klatschnass ließ ich mich neben Mark auf die Bank fallen. »Mach dir nichts draus!« sagte er, ohne die Augen zu öffnen. »Nicht jeder hat das Zeug zu einem Hund.« Beschämt schüttelte ich den Kopf.

In der Ferne konnte ich sehen, wie Gracie schon wieder eine Abreibung von Sarah und Dottie bekam. Dann bemerkte sie einen neuen Hund, der allein am Wiesenrand stand – und es sah Gracie ähnlich, sich mit dem Mauerblümchen anzufreunden. Es war ein Schrank von einem Hund, richtig dick und massig, so ähnlich wie ein – nein, es *war* ein Rottweiler.

Es gibt zwei traditionelle Herangehensweisen, was Rottweiler angeht: Liebe und Furcht. Das Problem besteht darin, dass es sehr territoriale Hunde sind, die kein ausgeprägtes Spielbedürfnis haben, wenn sie erwachsen sind, und deswegen neigen sie dazu, wenn sie falsch erzogen wurden, eine Menge Sachen (Tanzen, Umarmen, Bewegungen) als Feindlichkeit aufzufassen. Ich bemühe mich darum, Hunde nicht generell nach ihrer Rasse zu beurteilen (außer wenn es um ihre guten Eigenschaften geht), aber ich muss zugeben, dass der Ruf lieber Rottweiler, die falsch geworden sind, mich in ihrer Gesellschaft immer vorsichtig sein ließ.

Gracie führte gerade ihren Komm-lass-uns-spielen-Tanz vor diesem besonders großen Exemplar auf – wohl 150 Pfund schieres Muskelpaket mit Reißzähnen. Zuerst sah er ihr nur neugierig zu, aber dann fing er an, auf eine sehr merkwürdige Art seinen Kopf zu schütteln, wobei er irgendwie unruhig, fast erregt aussah. Gerade als sich das Wort Bärenhatz in meinem Kopf bildete, sagte Mark: »Hey, ist das nicht ein Rottweiler? Ich halte es nicht für eine gute Idee, mit einem Rottweiler zu spielen ...« Wir standen beide auf und fingen an »Gracie! Gracie!« zu brüllen. Dann sahen wir uns an und brüllten »Sarah! Dottie!« Offensichtlich konnte Gracie unserem Rufen nicht folgen, aber sie wäre zu uns gekommen, wenn sie gesehen hätte, dass Sarah und Dottie in unsere Richtung rannten.

Die Mädchen unterbrachen ihre Beschäftigung und drehten sich zu uns um, aber sie kamen nicht. *Schlechter Moment für euch Ladys, störrisch zu sein*, dachte ich und rannte in Gracies Richtung. Dem Rottweiler hatten sich die Haare im Nacken hochgestellt, und er hielt den Kopf gesenkt wie ein Rhinozeros, das jede Sekunde zum Angriff übergeht. Ich rief weiter nach Sarah und Dottie, und Mark tat dasselbe hinter mir. Aber ich fühlte meine Hilflosigkeit – der Rottie konnte Gracie schon in eine Welt aus Schmerz versetzt haben, bevor wir da ankamen. Ich wunderte mich, warum Sarah und Dottie auf Marks Rufen nicht reagierten, da passierte etwas Verrücktes: Sie hatten sich von ihrer Spielgruppe getrennt und links und rechts neben Gracie aufgebaut. Dabei knurrten sie den Rottweiler auf eine Art an, die den ersten Abend mit Gracie im Nachhinein wie ein Kinderspiel erscheinen ließ. So wie Sarah die Erde vor sich durchwühlte, hätte man sie ohne weiteres für einen gereizten Stier halten könnten, und Dottie knurrte und fletschte die Zähne wie ein – na ja, eben wie ein Rottweiler.

Gracie sah sich nach beiden Seiten um. Sie wollte sich nicht übertreffen lassen und fing auch an zu bellen, selbst wenn es verdächtig wie ihr glückliches Bellen klang. Ich glaube, sie hatte nicht die leiseste Ahnung, dass sie in Gefahr war.

Der Rottweiler, es freut mich, das sagen zu können, wusste genau, dass er in Gefahr war. Ich bezweifle, dass ich je wieder die Gelegenheit haben werde, einen Rottweiler eingeschüchtert wegschleichen zu sehen, aber an dieses eine Mal werde ich mich immer erinnern. Mark und ich stoppten mitten im Rennen. Wir waren richtig verblüfft von dem Wunder, dessen Zeugen wir gerade geworden waren.

»Wow!« sagte Mark und schüttelte den Kopf. »Was soll ich sagen? Schwestern tun es für sich!« Er hielt die Hände an den Mund und brüllte: »Sarah! Dottie!« Dann holte er ganz tief Luft und rief: »GRAA-CIEEE!« Natürlich kamen sie alle drei angerannt.

Als sie auf uns zu rasten, verstand ich, dass Sarah und Dottie Gracie, wenn sie ihr auch die kalte Schulter zeigten, als Teil ihres Rudels betrachteten, und dass jeder, der sich mit Gracie anlegte, erst mal mit ihnen fertig werden musste – und kein Hund würde sich gern auf so einen Spießrutenlauf einlassen. Sie bremsten kurz vor uns ab, hechelten und erzählten uns leise bellend ganz aufgeregt von ihrem Abenteuer. Ich war beeindruckt, wie vielschichtig Beziehungen sein können und wie sich Liebe unter den unwahrscheinlichsten Umständen zeigen kann. Aber mehr als alles andere wurde mir bewusst, dass ich weibliche Wesen nie in meinem ganzen Leben, und wenn es noch so lange währt, verstehen werde.

Erste Liebe

Irgendwas stimmte nicht. Irgendwas war nicht so, wie es sein sollte. Ich hatte es schon vor einer Weile bemerkt, aber ich konnte es bis zu jener Novembernacht, in der Gracie mich spazieren führte und mich mit ihrer inzwischen beträchtlichen Nase auf die Sterne aufmerksam machte, nicht genau festmachen. Es war mir immer noch verhasst, in einem Büro zu arbeiten, und ich hatte nach wie vor den heftigen Wunsch, mein eigener Boss zu sein, weswegen Mark und ich die Superidee haben sollten, die uns von unseren Jobs befreite und so weiter. Aber irgendwas war völlig falsch: Das Leben war einfach nicht mehr so öde wie vorher. Selbst mir musste auffallen, dass ich mich nicht mehr so leer fühlte, und der Grund dafür war ein gewisses schnüffelndes, schnaubendes Hündchen, das zu glauben schien, dass ich okay sei. Andererseits musste ich mich auch wiederum nicht so geschmeichelt fühlen, denn Gracie machte keine besonders großen Unterschiede. Ich sollte binnem kurzem herausfinden, dass ihr Herz eine offene Tür hatte.

Als wir unser Haus bezogen, gab es einen niedrigen Holzzaun zwischen unserem Garten und dem der Nachbarn. Wenn wir die Mädchen in den Garten lassen wollten (und das wollten wir – auch als sie noch zu zweit waren), dann brauchten wir einen anderen Zaun. Unglücklicherweise war der billigste zugleich der unattraktivste: der gute alte Schulhof-Maschendrahtzaun. (Ich persönlich hatte immer geglaubt, dass ein mit Stacheldraht gekrönter Zaun besser zu einem Haus passte, dessen Stil man mit Frühe Addams-Familie umschreiben konnte, aber wie immer behielt die Armut die Oberhand über den guten Geschmack.) Wir hatten die Hässlichkeit für das einzige Manko gehalten, aber es gab noch ein anderes: unsere Nachbarin Mrs. McGuire.

Bevor der Zaun halb stand, hatten wir gar nicht gewusst, dass es eine Mrs. McGuire in dem bildschönen viktorianischen Haus nebenan gab – und dann war es zu spät. Sie war eine pensionierte Englischlehrerin, deren Kinder längst erwachsen und fortgezogen waren. Ihr Mann war vor vielen Jahren gestorben und ihre einzige Gesellschaft bestand aus einem übellaunigen kleinen Boston-Terrier namens Byron.

Byron trat nur selten an die Öffentlichkeit, oder vielmehr hatte Mrs. McGuire einen Tagesablauf für ihn geplant, der sich zufälligerweise nie mit Sarahs und Dotties überschnitt. Wir hatten also nur sehr wenig Beweise, dass die beiden existierten – bis der Zaun hochgezogen wurde.

Es war an einem Sonnabendmorgen etwa drei Wochen nach unserem Einzug. Die Zauntypen gruben Löcher und gossen Zement eimerweise hinein, während die Mädchen zustimmend bellten, ich hatte Kopfschmerzen, das Telefon klingelte, und als ich den Hörer abnahm, bat ich Sarah und Dottie gerade höflich: »Ruhe bitte!«

Dann wurde mir klar, dass ich ins Telefon gebrüllt hatte. »Oh, es tut mir Leid, ich habe die Hunde gemeint.«

Nach einer würdevollen Pause ließ sich eine wackelige kleine Stimme vernehmen: »Nun, das will ich hoffen. Hier spricht Mrs. McGuire, Ihre Nachbarin. Mit wem habe ich das Vergnügen zu sprechen?«

Nun, sie hatte das Vergnügen, mit mir zu sprechen, aber dieses Vergnügen währte nicht lange, nachdem sie sich vergewissert hatte, ob wir tatsächlich einen Zaun aufstellen ließen und ob es sich bei diesem Zaun in der Tat um einen Maschendrahtzaun handele. Es war keine feindselige Unterhaltung – sie drohte nicht damit, uns dem Amt für Denkmalschutz zu melden, weil wir eine viktorianische Gegend verschandelten, und sie kam auch nicht mit der Wir-sehen-uns-vor-Gericht-Nummer. Es war eher so, dass sie traurig war, weil ihr Garten nun auf eine solch unangenehme Art modernisiert wurde und sie uns nicht davon überzeugen konnte, unser Tun zu überdenken. (Zu diesem Zeitpunkt waren die Pfeiler schon alle fest in ihrem Zementfundament verankert.) Gegen Ende der Unterhaltung hatte ich den Eindruck, sie sei von Mark und mir persönlich enttäuscht. Ich fühlte mich wirklich ziemlich lausig – und dabei hatten wir sie noch nie gesehen!

Ich entschuldigte mich. Uns beiden Hohlköpfen war es natürlich nicht im Traum eingefallen, unsere Nachbarn wissen zu lassen, dass wir um unser Grundstück einen Zaun ziehen wollten. Dann entschuldigte ich mich dafür, dass wir keinen Nachbarschaftsgeist gezeigt und uns nicht vorgestellt hätten, aber sie belehrte mich, es sei üblich, dass die Eingesessenen die neuen

Nachbarn begrüßen kamen, und dass sie das auch vor Urzeiten getan hätte, inzwischen jedoch zu »einer regelrechten Einsiedlerin« geworden sei.

»Ehm, wissen Sie«, sagte ich, »könnte ich ...«

»Nein«, sagte Mrs. McGuire. »Nein ...« Ihre Stimme senkte sich, und nach einer kurzen Pause sagte sie »Auf Wiedersehen« und hängte auf.

Mark fand, wir sollten ihr einen Korb Obst oder einen Blumenstrauß oder irgendwas vorbeibringen, aber ich erwiderte, dass sie sehr deutlich gemacht habe, dass sie nicht mehr unter Leute ging, auch nicht das kleinste bisschen.

Sie meinte es ernst. An Wochentagen ließ sie Byron nur raus, wenn die Mädchen (inzwischen war Gracie auch dabei) bestimmt im Haus waren, und nie sahen wir mehr von ihr als ihren zarten beblusten Arm, wenn sie Byron zur Tür rausließ, und dann wieder, wenn sie mit ihrer wackeligen Stimme rief: »Byron! Komm rein!« Das war alles. Nie sahen wir sie das Haus verlassen. Ein Gärtner kümmerte sich um den Garten und einmal die Woche wurden ihr Lebensmittel gebracht und auf der Veranda abgestellt. Ihre Kinder mögen sie besucht haben, wenn sie es taten, waren sie unwahrscheinlich leise.

Mit Byron allerdings verhielt es sich ganz anders. Er war einer dieser kleinen Hunde, die nicht wissen, wie klein sie sind, und lief gerne in seinem Garten hin und her und bellte so laut, wie es seine aprikosengroßen Lungen zuließen. »Arf!« machte er. Haarscharf das Geräusch, von dem ich immer angenommen hatte, dass Hunde es nur in Comics machen. »Arf! Arf!« Und für den Fall, dass wir ihn nicht verstanden hatten: »Arf!«

»Du weißt, was er da macht, oder?« fragte mich Mark.

»Hm, bellt er vielleicht?«

»Er verkündet der ganzen Nachbarschaft, dass Mrs. McGuire nicht alleine ist. Er hält Wache.« Aus dem Küchenfenster sahen wir alle zwölf Pfund von Byron den Feind abschrecken und brachen in Lachen aus.

»Er wäre nicht gerade meine erste Wahl als Wachhund«, sagte ich. »Aber er weiß, was er tut. Seit wir hier wohnen, hat ihr niemand etwas zuleide getan.«

Mark machte eine schuldbewusste Mine. »Niemand außer uns.«

»Oh, stimmt.«

Doch als die Monate vorübergingen und wir nichts mehr von Mrs. McGuire und wenig von Byron hörten, vergaßen wir sie mehr oder weniger. Bis wir durch ein klaffendes Loch in Gracies magerem Sozialleben wieder an sie erinnert wurden.

Trotz ihres heiklen Geschmacks und ihres geringen Appetits war Gracie mit einer atemberaubenden Geschwindigkeit weitergewachsen. Ich habe ja schon erwähnt, dass ihr Gewicht sich in den ersten paar Monaten alle 30 Tage zu verdoppeln schien, aber lassen Sie mich versuchen, ihr Wachstum in ein Verhältnis zu setzen. Während normale Menschen 16 oder 18 Jahre brauchen, um ihre volle Größe zu erreichen, braucht ein Hund dafür nur ein Jahr. Selbst bei kleinen Hunden ist das beeindruckend, bei Deutschen Doggen verschlägt es einem jedoch die Sprache. Mit ihren 150 Pfund sind ausgewachsene Doggen schwerer als viele Menschen, und dieses Gewicht haben sie ausgehend von den 3 oder 4 Pfund, die sie bei der Geburt wogen, erreicht. Stellen sie sich einen Menschen vor, der binnen eines Jahres fast zu seiner ganzen Größe heranwächst, dann haben Sie eine ungefähre Vorstellung von der Tortur, die der Körper eines Welpen mitmachen muss.

Inzwischen ging mir Gracies Kopf etwas über die Taille (sie hatte eine Schulterhöhe von 75 Zentimetern) und ihr schlanker Knochenbau ähnelte dem eines jungen Athleten – nur ohne entsprechende Körperkontrolle. Sie war so tollpatschig wie eh und je und konnte leicht von der schadenfrohen, aber nicht mehr heimtückischen Dottie ausgetrickst werden. Sie stolperte auch immer noch über sich selbst, wenn ihre hinteren Pfoten vor die vorderen gerieten. Es war an einem Herbsttag in einem dieser anmutigen Momente, als sie einen Marienkäfer zu fassen bekam, den sie als Haustier zähmen wollte, als Byron aus der Hintertür gelassen wurde und sofort zum Zaun rannte, um sie zu begrüßen. Er sah sie durch die Pfähle und den Draht hindurch an und probierte es mit seiner besten Anmache: »Arf!«

Mit 30 Zentimetern war Byron voll ausgewachsen. Er hatte kurzes Fell, schwarz mit Ausnahme seiner weißen Vorderbeine, einer weißen Schnauze und einem langen weißen Streifen, der sich von seiner Nasenspitze zur Mitte seiner in Falten liegenden Stirn zog und ihm den Ausdruck immer währender Neugier verlieh, der mich an Gracie erinnerte. Eine sehr kleine Gracie.

Bei den Falten (und der Klassifikation »Hund«) endeten die Ähnlichkeiten aber auch schon, denn Byrons dicker Rumpf wippte auf spindeldürren Beinen (ich hoffe, er liest dies nicht) und seine winzige Schnauze war zusammengedetscht wie bei einem Boxer oder Mops. Wenn er im Garten schlief, schnarchte er wie der Weihnachtsmann am 25. Dezember, war er wach, konnte er sogar ein Warzenschwein überschnarchen.

Zwischen ihnen war es Faszination auf den ersten Blick, sie beschnupperten sich und rannten am Maschendrahtzaun entlang, weil sie zueinander kommen wollten. Damit waren sie vielleicht eine Woche beschäftigt. Zu dem Zeitpunkt begann Dottie, Gracies Abwesenheit aufzufallen. Mindestens einmal sah ich sie ein Grasbüschel in Gracies Nähe angreifen, nur um ihre Aufmerksamkeit auf sich zu lenken. Es kam mir so vor, als habe Dottie sich an Gracies Begleitmusik gewöhnt, und jetzt sang Gracie ihr eigenes Lied.

Eines Tages stand ich im Garten und sah Gracie und Byron zu, da bekam ich Mrs. McGuire zum ersten Mal zu Gesicht. Sie öffnete die Tür und rief Byron zum Essen herein. Als sie den Garten absuchte und ihn am Zaun stehen sah, wie er Geheimnisse mit Gracie austauschte, trafen sich unsere Blicke. Ich winkte und lächelte ihr zu, aber sie zuckte zusammen und zog sich schnell ins Haus zurück wie eine Schildkröte, die ihren Kopf einzieht.

Ihre Erscheinung verblüffte mich. Sie war klein, kaum anderthalb Meter groß und dünn, wenn auch nicht ungesund aussehend. Was mich wirklich wunderte, war, wie gut sie beieinander war. Ich muss mir wohl vorgestellt haben, dass Menschen, die sich isolieren, nicht viel auf ihr Aussehen geben, aber sie sah aus, als sei sie gerade von einem Unterrichtstag im Jahr 1955 nach Hause zurückgekehrt: eine gebügelte weiße Bluse und ein grauer Rock, vernünftiges Schuhwerk, eine Lesebrille an einer silbernen Kette, und kilometerlanges graues Haar, das sorgfältig hochgesteckt war. Machte sie sich all die Mühe, nur um den ganzen Tag mit Byron rumzulungern? Hätte ich mich für Gracie mehr in Schale schmeißen sollen?

Ich konnte ihre Silhouette hinter der Fliegentür gerade noch erkennen. »Die beiden sind tolle Freunde«, rief ich und zeigte auf Byron und Gracie. Sie zog sich einen Schritt weiter zurück. Zu seinen Gunsten muss gesagt werden, dass Byron wie angewurzelt stehen blieb, um meine Worte zu unterstreichen. Ich wollte mir irgendwas ausdenken, was ich ihr sagen konnte, aber mir wurde klar, dass sie sich unwohl fühlte, wenn ich auch nur zu ihr hinübersah, und deswegen ging ich wieder ins Haus zurück. Ich sah zum Küchenfenster hinaus, und in dem Moment, in dem unsere Tür zuschlug, hielt der weißbebluste Arm die Tür auf und die Tremolostimme rief: »Byron! Abendessen ist fertig!«

Byron mag verliebt gewesen sein, aber er war nicht unhöflich, und nach dieser zweiten Aufforderung entschuldigte er sich bei Gracie und trottete ins Haus. Sein widerhallendes »Arf!« interpretierte ich als: *Bin schon auf dem Weg, meine Gnädigste*. Oder so was Ähnliches. Die Übersetzung aus der Hundesprache ist noch immer ungenügend erforscht.

Am nächsten Tag widmete Gracie sich ohne jede Vorwarnung einem neuen Hobby: der Archäologie.

»Könnte es nicht sein, dass sie einfach nur den Rasen

umgräbt?« Mark stand an der Küchentür und beobachtete ihre Erdaushebungen.

»Sicher«, sagte ich. »Aber da es sich um Gracie handelt, könnten wir die Möglichkeit des Zweifels in Betracht ziehen.«

Ich hatte Recht, mehr zu vermuten als den guten alten Buddelinstinkt, brauchte aber ein paar Tage, um herauszufinden, was dahinter steckte. Da ich verhindern wollte, dass der Garten zur Ausgrabungsstätte wurde, stellte ich mich vor die »Laiengrabung« (im Archäologenslang ausgedrückt), deutete ins Loch hinein, ging ganz nah an Gracies Gesicht heran und brüllte ernst »NEIN!«, indem ich mit jedem Zentimeter meines Körpers Missfallen kundtat. Sie muss mich verstanden haben, denn sie sah aus wie ein Schaf und rannte weg, und ich sah sie bis zum Abendessen nicht mehr wieder.

Im Gegensatz zu den meisten Hunden (und Kindern und wahrscheinlich auch Erwachsenen, wenn man's genau nimmt) hat Gracie ein gutes Gedächtnis für Regeln: Wenn man sie einmal für etwas züchtigte, war es unwahrscheinlich, dass sie es noch einmal tat. Deswegen war ich ziemlich überrascht, als ich sie am nächsten Tag in einem brandneuen Loch erwischte, aus dem sie mich hechelnd anlächelte. Über den Garten verstreut sah ich andere Löcher unterschiedlicher Größe. Nahm sie vielleicht an, mir habe nur das alte Loch missfallen (in seiner Form, Tiefe und Beschaffenheit), diese neuen seien jedoch so gut, dass ich sie einfach ins Herz schließen musste? Ich versuchte es noch mal und legte so viel Lautstärke in mein »NEIN!«, dass sie die Vibrationen gefühlt haben muss, selbst wenn sie mein wütendes Gesicht nicht einschüchterte.

Diesmal kriegte ich die Botschaft rüber. Sie wimmerte pathetisch und rannte ins Haus zurück, wo sie sich hinter der Couch versteckte und sich weigerte hervorzukommen, selbst als ich mich hinhockte und ihr signalisierte, dass das Abendessen fertig sei.

Am nächsten Morgen standen alle Zeichen auf Versöhnung, aber als ich sie in den Garten ließ, sah ich ihr lieber vom Fenster aus zu. In der Minute, in der sie Byron am Zaun traf, begann sie zu buddeln. Sie hob das Loch so schnell und zielstrebig aus, dass ich warten und zusehen wollte, was passieren würde.

Vorher hatten die Löcher im Garten kein Muster ergeben. Sie waren überall, bei einigen war höchstens an der Grasnarbe gekratzt worden, andere waren breit, wieder andere schmal, aber nicht mehr als ein paar Zentimeter tief.

Dieses neue Loch übertraf die anderen jedoch innerhalb von ein paar Sekunden. Gracie grub stürmisch, lockerte die Erde mit den Vorderpfoten und schmiss die losen Brocken im hohen Bogen zwischen ihren Hinterbeinen auf einen stetig anwachsenden Hügel. Byron wedelte so heftig mit dem Schwanz, dass seine Hinterbeine dauernd abhoben. Obwohl er so aufgeregt war, entwich ihm kein einziges »Arf!« – nur ein Hecheln begleitete den Tanz seiner kleinen rosa Zunge. Ich warf einen kurzen Blick hinüber, um zu sehen, ob Mrs. McGuire zuguckte. Diesmal war ich auf Gracies Seite.

In ein paar Minuten hatte sie ein Loch von 15 Zentimetern direkt vor dem Zaun ausgehoben. Sie musste zehnmal so tief graben, wenn sie drunter durch wollte. Sie warf sich jedoch ein paar Mal kräftig gegen den Zaun, als das Loch tief genug war, um es Byron wissen zu lassen. Ohne einen Augenblick zu zögern, ließ er seinen kleinen Körper ins Loch plumpsen und wand sich unter dem Zaun durch.

Ich sah mich im Garten um, weil ich das Ausmaß von Gracies Grabungsprojekt in Augenschein nehmen wollte. Verdammte Hühnerkacke! Sie hatte das alles geplant. Die anderen Löcher waren nur Übungsobjekte, an denen sie Fertigkeiten und Techniken verbesserte und ausprobierte, wie lange sie graben konnte, bevor sie geschnappt wurde.

Irgendwann mitten bei der Arbeit muss ihr aufgefallen sein, dass es schneller ging, wenn sie ein Loch für Byron grub, damit er in ihren Garten kam und nicht umgekehrt.

Und jetzt waren sie vor meinen Augen dabei, übereinander zu rollen, zu hecheln und sich die Gesichter abzulecken. Dann machten sie etwas, was mir peinlich anzusehen war: Sie spielten Fangen und Gracie ließ sich von Byron einholen.

Jetzt ließ ich Gracie jeden Nachmittag in den Garten, sowie ich von der Arbeit kam. Wenn Byron noch nicht auf seinem Gesundheitsspaziergang war, dann kam er kurz danach raus. An den Wochenenden saß Gracie am Küchenfenster auf der Lauer, und wenn Byron rausgelassen wurde, wartete ich ansehnliche vier oder fünf Sekunden, damit Mrs. McGuire sich in ihr Haus zurückziehen konnte, bevor ich die Hintertür öffnete, ohne dass Gracie ein Loch durch das Holz gekratzt hätte. Sowie Byron sie sah, wühlte er sich durch das Laub, das ich in das Loch gestopft hatte, und rannte mit seiner Freundin im Garten herum. Ich hatte Gracie noch nie so glücklich erlebt.

Sie hatten feste Gewohnheiten. Erst untersuchten sie jeden Zentimeter des Gartens, wobei sie jedes Mal bei ein und demselben Grasbüschel begannen, oder sie jagten hinter wehenden Blättern her. Früher oder später betraten Sarah oder Dottie die Bühne. Als Gracie und Byron gerade begannen, sich zu hofieren, fing Sarah – die schamlose Flirterin – ein Pack-mich-doch-Spiel an, ganz klar in der Absicht, Byron von Gracie abzulenken. Byron, die treue und ritterliche Seele, spielte ein paar Minuten mit Sarah, um ihre Gefühle nicht zu verletzen, und kehrte dann schnell zu Gracie zurück. Wenn die beiden Turteltauben besonders übermütiger Stimmung waren, nahmen sie sich eins von Dotties Spielzeugen – normalerweise ihre geliebte quietschende Karotte – und vergruben es. Dann warteten sie, bis sie herauskam, danach suchte und den Garten mit eigenen Ausgrabungsstätten zu überziehen begann. Unweigerlich schleppte Gracie Dottie irgendwann zu der Stelle, wo der Schatz versteckt war – so ein Weichei. Ich hatte schon vorher von gewieften Hunden gehört, aber diese beiden legten wirklich einen ausgesprochenen Sinn für Humor an den Tag. Nicht dass er meinem frisch ausgesäten Rasen sonderlich bekam.

Gracie war sterilisiert worden, deswegen machte ich mir keine Sorgen über die möglichen Probleme einer gemischten Ehe und (keuch!) mittelgroßen Nachwuchs. (Ich konnte mir die Logistik einer Begattung zwar nicht vorstellen, aber wenn sie irgend zu bewältigen war, dann würde Gracie das schon hinkriegen.) Ich war mir allerdings sicher, dass Mrs. McGuire die Partie nicht für gut befunden hätte, deshalb schob ich Wache, wenn Gracie und Byron sich im Gras wälzten. Hinter ihrer Tür stehend konnte Mrs. McGuire ihren Garten nicht ganz überblicken, und unseren schon gar nicht. Wenn sie Byron rief, konnte er sich durch das Loch stürzen, ohne dass sie auch nur ahnte, dass er die feindliche Linie gekreuzt hatte. War er im Haus verschwunden, stopfte ich wieder Blätter ins Loch. Ich konnte das bis zum Winter so weiterspielen, und dann gab es ja Schnee, für den Fall, dass die Sache noch aktuell war.

Der Winter kam früh in diesem Jahr. Ende November peitschte der Wind mit einer grausamen Erbarmungslosigkeit durch öde graue Straßen. Mark fand, dass Sarah und Dottie einen enttäuschten Eindruck machten, weil so wenige ihrer Kollegen am Wochenende in den Park kamen – deren Besitzer hatten das Wetter in stiller Übereinkunft als zu kalt erklärt. Auch Mrs. Mc-

Guire ließ Byron seltener raus, meistens beschränkte sie seine Frischluftversorgung auf fünf Minuten am Morgen und fünf am Abend. Gracie verpasste ihn morgens meistens und abends oft, aber wenn sie zusammenkamen, war es klar, dass sie sich unheimlich freuten, jedenfalls bis Mrs. McGuires dünne Stimme Byron zum Essen rief. Und dann kam er an einem Wochenende überhaupt nicht raus. Gracie verbrachte den Großteil beider Tage draußen im Garten und ließ den Kopf hängen, was sie nur tat, wenn sie richtig traurig war. Als ich am nächsten Abend von der Arbeit kam, bemerkte ich ein schlechtes Zeichen. Ein sehr schlechtes Zeichen. Auf einem Schild in Mrs. McGuires Vordergarten stand ZU VERKAUFEN.

Gracie lag zusammengerollt auf dem Boden, die Stirn in tiefe Doggenfalten gelegt, und gab ab und zu einen verlorenen Seufzer von sich. Unmöglich, dachte ich, wie sollte sie das wissen? Ich kniete mich neben sie und sah, dass ihre Augen feucht waren. Sie wusste es. Fragen Sie mich nicht. Irgendwie wusste sie es.

Ich schlug Mrs. McGuires Nummer nach und rief sie an. Keine Antwort. Es war mir außerordentlich unangenehm, ihre geheiligte Einsamkeit zu stören, aber dennoch ging ich rüber und klopfte an die Tür. Nichts. Ich versuchte es am folgenden Morgen und am Nachmittag darauf, rief sie am selben Tag ein paar Mal vom Büro aus an, aber immer ohne Resultat. Nach einer Weile nahm ich an, dass sie weggezogen sein musste, und es das war, sonst nichts.

Ich wollte Gracie helfen, aber ich wusste nicht wie. Ich ließ sie in den Garten. Sie stand am Zaun. Ich versuchte, ihr neue Tricks beizubringen. Sie lag auf der

Erde und schniefte. Ich war drauf und dran, eine Anzeige in die Zeitung zu setzen. Graziöse, empfindsame, sterilisierte Deutsche Dogge sucht Hunde für Spaß, Spiel und Ausgrabungen im Garten. Größe egal.

Gracies Traurigkeit rutschte in eine Depression ab, und der dunkelgrau verhangene Himmel half auch nicht. Statt hinter Sarah und Dottie herzurennen, blieb sie allein für sich. Oft lag sie auf dem Boden und starrte vor sich hin. Und jetzt, wo sie ihre volle Größe erreicht hatte, nahm sie auch noch ab.

Inzwischen hatten Sarah und Dottie auf Wintermodus umgestellt. In den wärmeren Monaten hoben sie ihre Energien für den Park auf, wo sie sie in einer solchen Größenordnung einsetzten, dass kleinere Länder sie liebend gerne für ihre Stromversorung nutzbar gemacht hätten. Sarah, die – verglichen mit Dottie – zur Introspektion neigte, wurde analytischer, starrte Objekte an, die sie auseinander nahm, wenn sie konnte, als wollte sie herausfinden, wie sie funktionierten. Eines Nachts lag sie auf der Fernbedienung und schaltete den Fernseher ein. Der Ausdruck der Offenbarung in ihren Augen war verblüffend: Sie hatte Licht geschaffen!

Dottie, die Extrovertierteste aller Extrovertierten, wurde durch den Winter kein bisschen verlangsamt. Wenn die Uhrzeit kam, zu der wir sonst immer in den Park gingen, tat sie einfach so, als sei sie schon da. Sie dachte sich einen Punkt am anderen Ende des Hauses aus und raste so schnell wie möglich dahin. Wenn ich in der Küche vor einer Schüssel Apfel-Zimt-Chips saß, toste sie aus der Ferne heran, donnerte mit einem ohrenbetäubenden Krach an mir vorbei, zu schnell für das menschliche Auge – und war verschwunden. Nur die Überreste schwarzer Flecken in der Luft zeugten noch von ihrer Anwesenheit.

Und meine Gracie? Lag mir zu Füßen auf dem Boden und starrte Löcher in die Luft.

Eines langweiligen Sonnabendnachmittags öffnete ich die Hintertür, lehnte mich an den Rahmen und ließ die bittere Kälte in das ohnehin zugige Haus. Ich versuchte mir etwas zu überlegen, was wir mit der zertrampelten Unordnung machen konnten, die wir unseren Garten nannten. Würde dort je irgendetwas wachsen, ohne von all den Pfoten in Vergessenheit gestampft zu werden?

Genau in diesem Moment sah ich aus dem Augenwinkel einen zierlichen weißbeblusten Arm, der Mrs. McGuires Hintertür öffnete. Eine schwarzweiße Kanonenkugel kam mit so einer Wucht herausgeschossen, dass sie ein ganzes Regiment niedergemacht hätte, wenn sich ihr eins in den Weg gestellt hätte. Byron. Und für den Fall, dass irgendwer Zweifel an seiner Identität hegte, ließ er die ganze Nachbarschaft wissen: »Arf! Arf arf! Arf arf arf arf arf!«

Sie erinnern sich möglicherweise, dass Gracie taub ist. Sie kann nichts hören. Geräusche dringen nicht in ihr

Bewusstsein vor. Ich dachte mir, Junge, Junge, wird sie aber überrascht sein, wenn sie jetzt rauskommt, als ich sie wie einen Tornado durchs Haus fetzen hörte. Je mehr sie sich der Hintertür näherte, desto lauter summte sie »mmmmm*mmmmmm*MMMMMMMMM!« und fegte an mir vorbei.

Byron seinerseits machte sich auf kürzestem Weg zum Zaun und tunnelte sich drunter durch. Sie stießen zusammen und fielen ineinander, Byron machte zwei kleine Rollen seitwärts und Gracie einen enormen Salto, die Pfoten überm Kopf, und landete auf dem Rücken. Er sprang auf ihre Brust und leckte ihr das Gesicht ab. Als sie wieder auf den Pfoten stand, rannte Byron unter ihrem Bauch hin und her, wobei seine kleinen Ohren kaum bis zu ihren Knien reichten. Sie puffte ihn mit der Schnauze und stieß ihn wieder um. Dann war ich dran umzufallen: Mrs. McGuire kam aus dem Haus.

Sie trug einen langen schwarzen Wollwintermantel mit einem kleinen Fellkragen, den man mit großem Erfolg zu einer Weihnachtsfeier im Jahr 1962 hätte tragen können, und dazu schwarze Lederhandschuhe. Sie muss trotz des Mantels und der Handschuhe gefroren haben, denn sie zitterte und hielt die Arme eng an sich gepresst, aber es schien ihr nichts auszumachen. Sie trat weit genug in den Garten hinaus, um die Hunde beobachten zu können, und wenn sie nicht blinzelte, dann lächelte sie. Sie lächelte über die Hunde.

Ich ging langsam in den Garten hinaus, durch etwas Laub hindurch, damit sie mich kommen hören konnte, und sie wandte sich, immer noch lächelnd, nach mir um.

»Mrs. McGuire?« Ich weiß nicht, woher ich diese unheimliche Fähigkeit habe, das Offensichtliche anzusprechen. Es ist einfach eine Gabe.

»Ja, mein Lieber.«

»Hi, ich bin Dan. Wir haben uns schon am ...«

»Ja, mein Lieber, ich erkenne Ihre Stimme. Sie sollten einen Mantel anziehen.«

»Einen Mantel? Oh, ja, klar, wird in einer Sekunde gemacht. Wissen Sie, ich wollte so gerne ...« Ich brach ab. Sie wollte wirklich, dass ich mir einen Mantel holte. Auch wenn sie weiterhin lächelte, konnte man erkennen, dass man ihren Worten Folge zu leisten hatte – sie erwartete das ganz einfach. Ich machte das klassische Gib-mir-ne-Minute-Zeichen, raste ins Haus, warf mir einen Mantel über und zog den Reißverschluss im Zurückrennen zu. Ich wusste instinktiv, dass ich nicht damit wegkommen würde, wenn ich ihn offen trug.

Sie schien erfreut. »Nun, was wollten Sie mir sagen?«

»Nun, äh, wissen Sie, ich wollte mich für das Loch entschuldigen. Ich komme gerne rüber und schütte es ihnen wieder zu. Es ist nur, na ja, Sie wissen ja, wie diese Hunde sind, ich meine, wie gerne sie buddeln ...«

Sie lächelte wieder, ihre leuchtenden blauen Augen waren fast so hell wie Gracies. »Ich glaube nicht, dass das eine gute Idee ist. Wenn Sie das täten, wie sollten die beiden Turteltauben denn dann zusammenkommen?«

Obwohl gerade ein kalter Wind vorbeifegte, kam es mir vor, als seien die Wolken aufgerissen und die Sonne scheine hindurch.

»Oh, super. Sie meinen, es macht Ihnen nichts aus, wenn ...?« Ich gestikulierte in Byrons und Gracies Richtung, die gerade einem zusammengedrückten Fußball stumme Unterwerfung beibrachten.

Sie lächelte bei dieser Frage. »Oh, wo denken Sie hin? Warum sollte es mir etwas ausmachen? Ist es nicht schwer genug, in dieser Welt auf Liebe zu stoßen, ohne dass andere Hindernisse dagegen errichten?«

Ich wusste nicht, was ich sagen sollte. Zum Glück wusste sie's.

»Sie werden sich erkälten, wenn Sie in diesem Wetter noch länger ohne Schal draußen bleiben, mein Lieber. Warum kommen Sie nicht, äh ...« Sie sah plötzlich nervös aus, als habe sie ihren Text vergessen, dann sagte sie: »Oh, wissen Sie, warum kommen Sie nicht rüber auf eine Tasse Tee? Es würde uns beiden gut tun.« Wahrscheinlich hätte ich bei allen Nachbarn ja gesagt, nur um höflich zu sein, aber Mrs. McGuire machte mich so neugierig – vor allem jetzt nach dieser plötzlichen Wesensveränderung –, dass ich die Einladung unmöglich ablehnen konnte.

Ihr Haus war genau so, wie unseres nie sein würde, selbst in hundert Jahren nicht. Das Holz schimmerte, das Silber glänzte – sogar das Teeservice zwischen uns funkelte wie nichts, was ich je besessen habe. Trotzdem erschien das Haus zu groß für sie. Und so war es auch. Es fiel ihr schwer, die Treppen hoch und runter zu kommen, und ihre Kinder hatten sie schließlich überzeugt, in eine Seniorenresidenz zu ziehen, wo sie eine eigene Wohnung beziehen, aber Hilfe bekommen könnte, wenn sie welche benötigte. Die letzten beiden Wochen hatte sie sich bei ihren Kindern und deren Familien aufgehalten und sich nach 54 Jahren ein neues Zuhause gesucht.

»Unglaublich«, sagte ich verständnisvoll. »Das ist eine lange Zeit in ein und demselben Haus.«

Sie lachte süß. Es klang wie Wasser, das in ein Glas gegossen wird. »Oh, Mr. McGuire, Friede sei mit ihm, hätte darüber gelacht. Er wurde in diesem Haus geboren, hat sein ganzes Leben hier verbracht und ist hier gestorben. Außer in den Ferien hat er nur im Krieg nicht hier gewohnt.« Sie sah mir in die Augen und erriet meine Frage. »Der Zweite Weltkrieg, mein Lieber.« Ein Lächeln. »Als er mich nach unseren Flitterwochen hierher gebracht hat, konnte ich mir nicht vorstellen, mich je anders denn als Gast zu fühlen. Und als er mich hier zurückgelassen hat, am 16. Oktober 1978, wollte ich nirgends anders sein. Nie wieder woanders.« Ihre Augen überschatteten sich. »Es war so leicht, nicht wegzugehen. Die Kinder wohnen weit entfernt, alle meine Freunde sind weggezogen oder verstorben … Und da sagte letzte Woche meine jüngste Enkelin, Emily, zu mir: ›Oma, ich befehle dir, dir Freunde zu suchen!‹«

Wir brachen beide in Lachen aus.

»Können Sie sich das vorstellen? Vier Jahre alt und sagt zu mir: ›Ich befehle dir.‹ Dann hat sie gesagt: ›Außerdem kannst du so schon mal üben, bevor du in dein neues Zuhause ziehst. Du darfst einfach nicht den ganzen Tag mit Byron verbringen!‹«

Wieder lachten wir, doch plötzlich wurde mir klar: Byron würde sie begleiten.

Sie seufzte: »Wissen Sie, mein Lieber, das war meine einzige Bedingung. Ich trenne ihn nicht gern von seiner neuen Freundin, aber …«

Ich wollte gerade sagen, dass ich sie verstand, da beendete sie ihren Satz.

»… er ist mein einziger Freund.«

Oh. Jetzt verstand ich sie. Jetzt verstand ich sie richtig. Gracie hatte noch das ganze Leben vor sich und konnte sich andere Freunde suchen, aber für Mrs. McGuire gab es nur Byron. Er war der Letzte einer stolzen Reihe von Boston-Terriern, die den McGuire-Haushalt viele Jahre lang geschmückt hatten, seine Vorgänger hießen, wie Sie vielleicht erraten haben, Shelley, Keats und Dickens (»Unsere Tochter hatte die Dichter satt.«) – und er war wirklich der Letzte für sie. »Ich hoffe, er überlebt mich«, sagte sie, »denn ich könnte nicht ohne ihn auskommen. Aber dann schelte ich mich für meine Selbstsucht, denn wer sollte sich dann um ihn kümmern?«

Jede liebevolle Beziehung zwischen Mensch und Tier ist etwas Besonderes, aber als ich Mrs. McGuire über Byron sprechen hörte, wurde mir bewusst, dass das Band zwischen einem Haustier und einem älteren Menschen etwas ganz Besonderes ist. Ich kann es aber nicht erklären. Vielleicht weil viele ältere Leute die Sterblichkeit auf eine Art wahrnehmen, die es ihnen gestattet, andere Lebewesen so anzunehmen, wie sie sind, etwas, was wir Jüngeren nicht können. Was auch immer es sein mag, seit ich Mrs. McGuire kennen gelernt habe, kommt es mir so vor, als verblasse die Liebe von Kindern zu ihren Tieren im Vergleich zu der, die ältere Menschen ihren Lieblingen entgegenbringen.

Die gute Nachricht für Gracie und mich bestand darin, dass Byron und Mrs. McGuire erst in ein paar Monaten umziehen würden. Und bevor sie es taten, war ich mir sicher, dass Byron Gracie irgendwie erklären würde, dass es etwas viel Besseres wäre, als er je getan hätte, wenn er bei seiner Besitzerin bleiben würde. Und dass Gracie das irgendwie verstehen würde.

Gourmet Gracie

»Das Schlimmste ist, dass große Hunde einfach nicht lange leben. Es gibt immer Ausnahmen, aber die Regel ist, je größer der Hund, desto kürzer das Leben.« Es war der Montag nach dem Erntedankfest und wir machten eine der seltenen Kaffeepausen im Büro. Die neue Sekretärin hatte Anne gerade gefragt, was das Schlimmste an Deutschen Doggen sei. »Viele von ihnen erleben ihren sechsten Geburtstag nicht!« Ich muss einen ziemlich entsetzten Gesichtsausdruck gehabt haben, denn sie sah mich ganz schnell an und fügte hinzu: »Aber viele von ihnen werden auch neun oder zehn.«

Ich weiß, dass sie mich aufheitern wollte, aber es klappte nicht. Ich machte mir nämlich gerade Sorgen, ob Gracie überhaupt zwei Jahre alt werden würde. Es war inzwischen klar, dass wir nicht mehr darüber lachen konnten, wie mäkelig sie aß und wie schlank sie war. Sie war so mager, dass man ihre Rippen zählen konnte, und wenn sie noch nicht magersüchtig war, so war sie kurz davor. Das Gewicht war aber nicht unsere einzige Sorge: Obwohl sie jetzt fast ausgewachsen war, bestand bei falscher Ernährung die Gefahr, dass sie durch Knochen- und Gelenkprobleme verkrüppelte. Jetzt, wo Mark und ich uns schließlich das Offensichtliche eingestanden hatten, zerbrachen wir uns den Kopf, wie wir Gracie dazu bringen konnten, dicker zu werden. Beziehungsweise überhaupt zu fressen! In den nächsten zwei Wochen probierten wir alles aus, worauf wir kamen.

Zuerst kauften wir ein anderes Hundefutter. Wir hatten den Mädchen immer das Hundeäquivalent zu dem gefüttert, was wir selbst aßen, und das bedeutete, dass sie von nahrungsähnlichen Produkten lebten, die satt machten, aber nicht wirklich gut schmeckten. Bisher hatten wir uns immer geweigert, das größte Tierfutterunternehmen des Universums zu unterstützen, weil wir annahmen, dass wir nur mehr für die Werbung und Verpackung zahlen mussten, aber schließlich ging es um Gracie. Wir setzen uns mal über unsere politischen Ansichten hinweg und kauften ein paar Büchsen der berühmten Firma.

Nun, Sarah und Dottie konnten von diesem Markenfraß nicht genug kriegen. Gracie hingegen hatte schon nach dem ersten Bissen genug. Sarah und Dottie, aktive Mitglieder im Club Sauberer Napf, waren allzu glücklich, Gracie behilflich zu sein. Ich wusste, dass es jetzt schlimm stand, weil Gracie sie nicht mehr verscheuchte.

Also versuchten wir es mit Hundefutter der Extraklasse. Mit dieser Sorte, bei der alle Behälter aus recycelten Materialien bestehen und der Inhalt zu 100 Prozent aus wirklichen Nahrungsmitteln besteht. Es riecht sogar gut, wenn man die Dosen öffnet. Ich war drauf und dran, zu sagen: »Die armen Leute überall auf der Welt wären wahrscheinlich glücklich, so etwas zu essen zu bekommen«, aber dann fiel mir ein, dass wir selbst auch nicht gerade betucht waren. Ich muss zugeben, dass die Idee auch uns verlockend vorkam. Doch wir standen damit allein: Mark und ich, Sarah und Dottie. Gracie hätte sich nicht weniger dafür interessieren können, als es noch in der Dose versiegelt war.

Also war die Luxusklasse angesagt. Der Schickimicki-Haustierladen in der Innenstadt (wo wir aus Angst, an der Tür erst mal unsere Gehaltsabrechnung vorlegen zu müssen, noch nie eingekauft hatten) verkaufte ein rein organisches, hypoallergenes vegetarisches Getreidefutter, das es bestimmt, so versicherten sie uns, bringen würde. »Das sollte es auch«, murmelte Mark. »Eine Woche von diesem Zeug für Gracie verschlingt die Hälfte unseres monatlichen Essenbudgets.« Ich hoffte, dass Gracie irgendwie verstehen würde, wie viel wir für dieses Superfressen ausgegeben hatten, und dass sie ihm eine Chance gab: *Ah, die Jungs legen sich richtig ins Zeug, um mich glücklich zu machen, also fresse ich es, um sie wissen zu lassen, dass ich ihre Mühe anerkenne.*

Ich habe meine Gefühle wohl sehr stark gezeigt, denn sie ließ sich richtig Zeit: Sie nahm einen winzigen Bissen, kaute 45 Mal darauf rum, als ob sie fürchtete, dass Glas drin sei, und schluckte ihn schließlich runter. Dann nahm sie ein paar weitere Bröckchen, die sie früher oder später auch verschluckte. Dann ... seufzte sie und ging weg.

Mark tippte sich an die Stirn. »Könntest du mir mal bitte erklären, wie du es geschafft hast, die einzige magersüchtige Deutsche Dogge in der ganzen Geschichte des Hundereichs auszusuchen?«

Ich kniete mich neben Gracie und umarmte sie ganz fest. Sie erwiderte die Zärtlichkeit, aber ohne rechte Überzeugung. »Du bist doch nicht magersüchtig, oder, meine Süße? Du willst mir doch nicht das Herz brechen?«

»Das ist vollkommen verrückt!« Mark schüttelte den Kopf. »In einer Woche müssen wir sie intravenös ernähren. Wir müssen irgendwas unternehmen!« Zum ersten Mal konnte ich erkennen, dass er sich genauso viele Sorgen um Gracie machte wie ich.

Ganz offensichtlich mussten wir etwas unternehmen. Aber was?

Wir gingen eine Minute in uns, die Augen nervös auf Gracies vorstehende Rippen geheftet. Dann platzten wir beide gleichzeitig damit raus: »Dr. Benjamin!«

»Ich rufe ihn gleich morgen früh an.«

»Ruf ihn jetzt an und hinterlass ihm eine Nachricht!«

Nun, wir hatten es mit Dr. Benjamin zu tun, und als ich die Nummer wählte, die auf dem Anrufbeantworter seiner Praxis für den Fall angegeben war, dass die Praxis schon geschlossen hätte, war es kein Auftragsdienst, sondern sein privater Telefonanschluss.

»Oh, hallo. Entschuldigen Sie bitte, dass ich Sie störe. Ist Dr. Benjamin zu sprechen?«

»Leider nicht. Kann ich ihm etwas ausrichten?«

Ich erklärte, was mit Gracie los war, wobei ich mich die ganze Zeit blöd fühlte, nicht bis zum nächsten Morgen gewartet zu haben. Dabei war ich genau genommen zu beunruhigt, um zu warten. Es stellte sich heraus, dass ich mit der Tochter des Tierarztes sprach, die gerade reingekommen war, um die Hunde zu füttern und mit ihnen zu spielen, denn ihre Eltern besuchten ihren Bruder und dessen Familie in Denver.

»Oh.« Mir sank das Herz. »Na ja, gibt es eine Vertretung, die ich …«

»Ja, es gibt einen Vertretungsarzt, aber warum rufen Sie nicht zuerst meinen Vater an und fragen ihn, was er davon hält?«

»Oh, das kann ich doch nicht tun.«

»Oh, bestimmt können Sie das tun!«

»Nein, ich kann es wirklich nicht.«

Sie lachte. »Sie verstehen mich nicht. Wenn Sie ihn nicht anrufen, kriege ich Riesenprobleme.«

Natürlich wollte ich nicht, dass sie Riesenprobleme bekam, deswegen schrieb ich mir die Nummer auf und rief Dr. Benjamin in Denver an. Sein Sohn, der genauso klang wie er, nur ohne das Reibeisen in der Stimme, holte ihn sofort. Aus dem Ton des guten Doktors hätte man schließen können, dass er auf meinen Anruf gewartet hatte.

»Oh, mein armes kleines Wunder«, sagte er, nachdem ich ihm erzählt hatte, was los war. »Sie hat's noch nie leicht gehabt, stimmt's?«

So hatte ich das noch nie gesehen. Es ist mir zwar peinlich, das zuzugeben, aber es war das erste Mal, dass ich darüber nachdachte, wie diese Essprobleme für Gracie sein mochten. Ich meine, natürlich machte ich mir Sorgen um ihr physisches Wohlergehen, aber mir war es nie in den Sinn gekommen, dass meine geliebte Tierfreundin Gefühle über sich selbst haben könnte. Sie fühlte sich wahrscheinlich unwohl, vielleicht hatte sie sogar Schmerzen. Sie musste einfach hungrig sein. Und wahrscheinlich hatte sie Angst, warum sollte sie keine haben? Ich fühlte mich schon todkrank, wenn ich nur erkältet war. Um alles noch schlimmer zu machen, hatte sie keine Möglichkeit zu verstehen, was ihr fehlte. Als ich mir das überlegte, wollte ich nur noch dringlicher, dass es ihr besser gehen sollte. Dr. Benjamin wollte dasselbe.

»Hm. Morgen gibt es einen Flug um zehn ... Bringen Sie Gracie gegen eins rein, dann kann ich mich mit ihr unterhalten und ein paar Untersuchungen machen.« Mir ging es schon besser, als ich das hörte: Sie wäre in der Hand eines Experten, die Wissenschaft würde sich ihrer annehmen, und alles würde wieder gut. »Aber ich bin neugierig«, sagte er noch, »haben Sie schon mal versucht, etwas für sie zu kochen?«

Was war denn das für eine Frage! »Nein, ich ... ich meine, ich koche auch für mich nicht mehr als Spaghetti und Burger und so was. Ich kann grillen, aber ich bin nicht gerade das, was Sie unter einem Paul Bocuse verstehen würden.«

»Das ist aber milde ausgedrückt«, sagte Mark am Mithörer. Warum gab er so an, nur weil er Spaghetti, Burger und Pfannkuchen machen konnte?

»Und mein Mitbewohner auch nicht«, fügte ich hinzu, und warf Mark einen bösen Blick zu.

»Wissen Sie«, sagte Dr. Benjamin, »das macht nichts. Wenn Sie den Grips haben, ein Rezept zu verstehen, dann können Sie ihr einfache Sachen aus fast jedem Kochbuch zubereiten, solange Sie keinen Zucker, kein Salz und keine Schokolade verwenden. Hunde mögen Knoblauch, ob Sie es glauben oder nicht. Alles, was Sie aus Getreide und frischen Zutaten zubereiten, kann ihnen nur gut tun. Ökologisch angebautes Gemüse, wenn Sie es sich leisten können – Hunde brauchen genauso wenig Zusätze und Konservierungsmittel wie wir.«

»Ja, aber Dr. Benjamin, Sie verstehen mich nicht: Ich kann wirklich nicht kochen!«

»Na, dann ist doch jetzt eine gute Gelegenheit, es zu lernen, oder?« Er wartete nicht auf meine Antwort. »Fangen Sie einfach an, seien Sie kreativ! Experimentieren Sie!«

Seien Sie kreativ! Experimentieren Sie! Das sagte er so. Andererseits konnte sie ja kaum, wie Mark sagte, »noch weniger essen, als sie es jetzt schon tut«.

Da hatten wir den Salat. Wir hatten gar keine andere Möglichkeit, als es auszuprobieren. Und zu hoffen, dass wir auf das Rezept stießen, bevor es zu spät war.

Am nächsten Tag bestätigte mir Dr. Benjamin persönlich, dass ihr Untergewicht ihre Knochen und ihre allgemeine Gesundheit gefährdete. Aber er konnte körperlich nichts an ihr entdecken, und ich glaube, er untersuchte sie auf alles unter der Sonne. »Versuchen Sie, zu Hause zu kochen, mein Sohn. Sie werden überrascht sein, was das bewirken kann.«

Also tat ich es. Ich hatte mir den Nachmittag frei genommen, um Gracie in die Praxis zu bringen, und danach fuhren wir beide direkt in die Bibliothek (einer von uns blieb im Auto) und liehen ein halbes Dutzend Kochbücher aus – für Menschen, denn soweit ich sehen konnte, hatte noch niemand eins für Hunde geschrieben. Von dort gingen wir zum Bioladen, wo wir vier unterschiedliche Vollkorn-Mehlsorten einkauften und dazu Karotten, Knoblauch, Spinat, Äpfel, Erdnussbutter und Honig. Ich hatte keine Ahnung, was ich machen wollte, ich hoffte nur, dass man es als Essen erkennen würde.

Als ich jedoch zu Hause angekommen war und die Tüten abgestellt hatte, war der ganze Schwung dahin, den mir die Panik verliehen hatte: Was sollte ich denn nun kochen? Ich blätterte in den Kochbüchern und wartete auf den Ruf: »Ich bin das Rezept, das Gracies Leben retten wird!« Dann hatte ich Dr. Benjamins Stimme im Ohr: »Fangen Sie einfach an.« Was ist einfach, wenn Sie noch nie richtig gekocht haben? Ich trommelte mit den Fingern auf den Küchentisch, und Gracie kam aus einem anderen Zimmer, als hätte ich sie gerufen. Einfach. Hm. Ich musste auf meine Geheimwaffe zurückgreifen.

»Midwestern-Company-guten-Tag-was-kann-ich-für-Sie-tun?«

»Äh.« Ich ließ meine Stimme rau und heiser klingen. »Ja, hier spricht Mr. Hasenpfeffer. Ich würde gerne mit Anne sprechen.«

»Wie war der Name doch gleich?«

»Anne, bitte.«

»Oh, natürlich!«

»Hier spricht Anne.«

Ich flüsterte. »Ich bin's. Ich habe eine wichtige Frage. Wie geht Kochen?«

Anne schnaubte. »Du bist ein äußerst besorgniserregendes menschliches Wesen.« Ich hörte, wie Sie den Hörer abdeckte, und ihre gedämpfte Stimme sagte: »Nein, alles in Ordnung, es ist nur ein Freund.«

Ich flüsterte: »Mr. Hasenpfeffer.«

»Mr. Hasen … ach, komm schon, du Witzbold. Was hast du für ein Problem?«

»Weißt du, Dr. Benjamin sagt, Gracies Verdauungsapparat sei in Ordnung, soweit er das beurteilen kann, und er ist der Meinung, dass sie jetzt wirklich nichts als frisch zubereitete Mahlzeiten braucht und nicht diesen Mist in Dosen, denn sie könnte ja einen empfindlichen Magen haben, also bin ich bei ›Himmel auf Erden‹ vorbeigegangen und habe, na ja, ich habe vier verschiedene Mehlsorten und ein bisschen Spinat und Knoblauch und Äpfel und so'n Kram mitgenommen, nur keinen Zucker, kein Salz und keine Schokolade, und dann bin ich bei der Bücherei vorbei und hab mir 'n paar grundlegende Kochbücher besorgt, aber sie haben nichts über Kochen für Hunde oder sonst irgendwelche Tiere, was ja bescheuert ist, und jetzt bin ich zu Hause und versuche herauszufinden, was ich ihr machen soll, und es muss etwas wirklich Leichtes sein, und ich schlage das leichteste Kochbuch auf, und ich bin voll bereit, mich drauf einzulassen, um das Leben meines kleinen Mädchens zu retten, und plötzlich fällt mir wieder ein: Ich kann nicht kochen!« Nach dieser Ausführung blieb Anne ein paar Sekunden stumm. Dann sagte sie: »Ich verstehe. Bist du sicher, du hast nichts ausgelassen?«

»Nein«, sagte ich keuchend. Ich schluckte. »Das ist ungefähr alles.«

»Okay. Was Leichtes. Wie wär's mit Keksen?«

»Kekse?«

»Mhm.«

»Für einen Hund?«

»Genau.«

»Hundekekse?«

»Hast du einen Sprung in der Platte? Hunde. Kekse!«

»Jaaa, aber warum sollte ...«

»Guck mal, mein Makkaroni-Sternekoch. Du musst was Einfaches machen. Es gibt nichts Einfacheres als Kekse. Wie oft hast du mich schon Kekse mit ins Büro bringen sehen?«

»Na, vielleicht einmal die Woche?«

»Genau, und ich schlage mir nicht die Nacht um die Ohren, um sie zu backen. Such dir das einfachste Keksrezept im leichtesten Buch, und wenn da Salz oder Zucker oder Schokolade steht, lässt du es eben weg, und schon kannst du anfangen.«

»Ahh-haa. Wie erkennt man, welches das Einfachste ist?«

Sie holte tief Luft: »Es hat am wenigsten Zutaten und die kürzeste Anweisung.«

»Gut. In Ordnung. Ich glaube, ich hab's. Kein Problem. Tausend Dank. Bis morgen.«

Mein Schwung war wieder da. Ich fand ein Keksrezept, das nur etwa vier Zutaten hatte, als Süßungsmittel sollte man Apfelsaft nehmen. Was konnte leichter sein? Wahrscheinlich nichts, aber Sie werden überrascht sein, wie schnell ein Nichtkoch ein Chaos aus dem leichtesten Rezept machen kann. Vor allem wenn eine neugierige Dogge die Mehltüte von der Arbeitsplatte fegt, und zwar auf eine genauso neugierige, aber kleinere Dalmatinerhündin, die die Hälfte ihrer Tupfen einbüßt, dafür aber überall weiße Pfotenabdrücke hinterlässt. Genau zu diesem Zeitpunkt entschloss Mark sich dazu anzurufen.

»Hey, ich hab gerade bei dir im Büro angerufen, um

rauszufinden, was mit Gracie los ist, und Anne hat es mir gesagt. Sie hat gesagt, dass du jetzt kochen willst ...« Vielleicht wollte er noch was sagen, aber er musste zu sehr lachen.

»Jaaa, sehr komisch.«

»Hey, ich hab 'ne Idee. Warum gibst du Gracie nicht das Kochbuch? Du könntest dich dann ganz raushalten!« Mehr Gelächter.

»Okay, du Klugscheißer. Wenn du so schlau bist, was heißt dann ›sieben‹?«

Sein Lachen erstarb: »Wie meinst du ... hey, sag mal, wie meinst du das?«

»›Sieben Sie vier Tassen Mehl.‹ Was bedeutet ›sieben‹?«

»Ach so. Sieben. Das ist, wenn man, äh, wenn man so durchs Mehl geht und nachsieht, ob alles okay aussieht – du weiß schon, ob Steinchen oder Dreck oder so drin sind –, und die liest du einfach raus.«

»Ach. Wirklich?«

»Ja, meine Mutter macht das immer so. Sieben. Das muss man auch mit Reis machen, all den Dreck, im Wesentlichen, raussieben.«

»Hm.« Vielleicht wusste Mark wirklich mehr übers Kochen als ich. Ich überflog das Rezept nach anderen Worten. »Okay, was ist mit ›unterschlagen‹?

»›Unterschlagen‹? Äh, in welchem Sinn genau?«

»›Schlagen Sie eine halbe Tasse Butter unter das Mehl.‹«

»Ach so, also, wenn sich ›unterschlagen‹ auf Butter bezieht, dann bedeutet das eigentlich nichts anderes, als dass man ein Stück Butter nimmt, verstehst du? Und dann schneidest du das Stück in ganz dünne Scheibchen, okay? Und die schlägst du dann, bis sie ganz platt sind, damit sie im Teig nicht so viel Platz beanspruchen …« Er hätte so weitermachen können, während ich mir sorgfältig Notizen machte, wenn er nicht erneut in Lachen ausgebrochen wäre.

»Kein Problem«, sagte ich. »Wenn ich erst mein Diplom vom Cordon Bleu habe und mein eigenes Vier-Sterne-Restaurant eröffne, werde ich an diesen Tag zurückdenken. Du kannst dann an die Hintertür kommen, nachdem wir abends geschlossen haben, und ich gebe dir, was für die streunenden Katzen nicht mehr gut genug ist.« Statt darauf zu warten, bis Mark wieder Luft bekam, legte ich auf und rief die beste Köchin an, die ich kannte: meine Schwester Theresa.

Zum Glück war Theresa auf der Höhe der kulinarischen Techniken, so wie Sieben und Unterschlagen und anderes, was zu technisch ist, um es hier zu erklären. Es soll an dieser Stelle genügen, wenn ich sage, dass ich, nachdem ich einmal losgegangen war und ein Sieb für 79 Cents und zwei Keksbleche für einen Dollar 50 pro Stück gekauft hatte, alle Zutaten, Ausrüstungsgegenstände und Informationen hatte, die ich benötigte. Deswegen ist es auch so schwer zu verstehen, warum all meine Bemühungen so ein lausiges Ergebnis zeitigten. Ich hätte in der Schule beim Kochunterricht eben besser aufpassen sollen.

Die erste Fuhre sah einfach entsetzlich aus: gespalten, eingerissen und voller Blasen. Sie sahen weniger wie Kekse aus als vielmehr wie Fossilien oder Gesteinsproben vom Mond. Man würde sie noch nicht einmal einem Hund zu fressen geben!

Nur um ihr anzudeuten, dass ich ihr nichts missgönnte, ließ ich mich auf einen Stuhl fallen und zeigte Gracie die trostlosen Resultate. »Es tut mir Leid, meine Süße. Ich verstehe überhaupt nichts vom Kochen. Ich könnte noch nicht mal einen Rührkuchen zustande bringen, wenn ich ein Team von Köchen hätte, die mit mir jeden Schritt einzeln durchgingen.« Ich streichelte ihre Stirn. »Ich weiß nicht, was ich machen soll, mein Mädchen. Wie soll ich dich denn zum Fressen bringen, bevor es zu spät ist?«

Gracie näherte sich meiner Hand mit dem versteinerten Keks, bedankte sich wie üblich, und schnappte ihn aus meiner Hand. Ich versuchte sie zu überzeugen, ihn wieder rauszurücken – ich wollte doch nicht, dass sie ihn fraß –, aber es half nichts. Sie kaute ein bisschen drauf rum, neigte den Kopf zur Seite, als spüre sie einem erlesenen Geschmack nach, kaute noch ein bisschen drauf rum und schluckte ihn schließlich. Ich wartete darauf, dass sie sich umdrehte und wegging, ihre Art zu zeigen, dass das Essen die Kontrolle nicht passiert hatte. Sie blieb vor mir stehen. Aber sie öffnete ihr Maul nicht, um mir zu zeigen, dass sie mehr wollte, sie guckte mich einfach nur weiter an. *Okay*, dachte ich, und sah ihr in die babyblauen Augen, *du gehst nicht weg, du fragst nicht nach mehr ... willst du, dass ich's weiter versuche?* Sie sah nicht weg, sie blinzelte nicht mal, also nahm ich es als ja oder wenigstens als ein: *Was gibt's denn sonst noch?* Ich wusch alle Schüsseln und machte mich daran, noch ein Blech zu backen, und ich war wild entschlossen, diesmal nichts anbrennen zu lassen. Gracie blieb bei mir in der Küche.

Da es in der Ofentür kein Glas gab, sah ich etwa alle fünf Minuten nach der zweiten Ladung – oft genug, um die Backzeit um 15 Minuten zu verlängern, aber nicht oft genug, um sie rauszuholen, bevor die Hälfte der Kekse unten schwarz war. Ich nahm das Blech zum Abkühlen raus und trommelte mit den Fingerspitzen auf den Tisch, während Gracie geduldig wartete. Nach einer Minute pustete ich auf eins der Unverbrannten und bot es ihr an.

Sie bedankte sich bei mir, nahm es ins Maul, neigte den Kopf, kaute, kaute noch etwas, schluckte ... Und? Sie öffnete das Maul – nicht weit, so wie sie es für etwas Superleckeres machen würde, aber weit genug, um mir mitzuteilen, dass sie noch eins versuchen wollte. Mein Herz schlug schnell. Ich gab ihr noch eins: Dank, kauen, Kopf in Seitenlage, kauen, kauen, schlucken ... geschlossenes Maul. Geschlossenes Maul, aber ohne dass sie wegging.

Ich hielt ihren Kopf mit beiden Händen. »Gib mir einen Tipp: Mehr Butter? Weniger Knoblauch? Zu hart? Nicht süß genug?« Sie gab mir nicht den leisesten Hinweis, denn sie wollte, dass ich es selbst rausbekam. *Na gut, in Ordnung, kriege ich es eben raus!* Aber nicht mehr an dem Abend. Und auch nicht am nächsten, wenn ich auch dranblieb und wenn Sarah und Dottie auch damit einverstanden waren, fast alle meine Versuche zu fressen. (Dottie hätte sogar Marks Socken verschlungen, wenn sie mit Eau de Pâté eingesprüht worden wären.) Aber Gracie ging nicht weg. Begriff sie, wie sehr ich mich abrackerte? Wusste sie, dass ich es irgendwann hinkriegen würde? Was der Grund auch sein mochte, jedenfalls war sie drei Abende später da, als ich es geschafft hatte: ein ganzes Blech, oben und unten goldbraun, weder klitschig noch zu weich. Es sah genau richtig aus, aber es gab nur eine Möglichkeit, das herauszufinden.

Ich hielt ihr einen hin. Dank, aufschlappen, kauen, schlucken. Maul weit aufgerissen. *Maul weit aufgerissen?* Ich gab ihr noch eins: dasselbe. Noch eins: genauso. Es wanderte schon ihre Kehle runter, bevor es richtig auf meiner Handfläche gelegen hatte. Ich war so glücklich, fast hätte ich geweint; ich sah hoch zur Decke und dankte Gott, was ich seit langer Zeit nicht getan hatte. Gracie tat dasselbe auf ihre Art: Sie aß noch ein Keks.

Ich knutschte ihr großes schönes haariges Gesicht ab. Sie hatte es schon wieder getan: Sie hatte mich eines Besseren belehrt. Ich war davon überzeugt gewesen, dass ich nicht kochen konnte und niemals lernen würde, wie man kocht, und überhaupt, wenn ihr dieser Luxusfraß nicht schmeckte, den wir für sie gekauft hatten, dann würde sie niemals irgendeinen Pamps von mir fressen.

Aber da hatte ich mich getäuscht. Sie war bereit zu fressen, was ich ihr zubereitete – am dritten Tag meines Lebens, an dem ich backte. Und wenn es ihr keinen Spaß machte zu leiden, dann mochte sie mein Essen wirklich! Sie hatte weder sich noch mich aufgegeben, und als ich nur einen halben Schritt auf sie zumachte, kam sie mir den Rest des Wegs entgegen.

Ich legte Gracies Pfoten auf meine Schultern und begann zu singen: »*We are the champions, we are the champions … of the world!*« Sarah und Dottie kamen, um herauszufinden, was hier Aufregendes geschah. Dottie sprang hoch und zog das Tablett vom Tisch. Daraufhin machten sich alle drei – Sarah, Dottie und Gracie – daran, die Beute zu verschlingen. Und Gracie, das gute Mädchen, warnte Dottie, ihr nicht zu nah zu kommen.

Mein erstes Weihnachten

Meine Eltern haben sich in dem Jahr getrennt, in dem ich zwölf wurde, und danach musste ich den Weihnachtstag immer zwischen ihnen aufteilen. Deswegen war ich fast erleichtert, als ich am 18. Dezember mit meiner Mom telefonierte und sie mir mitteilte, dass sie die Ferien bei der Familie ihres Ehemannes in South Carolina verbringen würde. Zum ersten Mal seit einer Ewigkeit müsste ich nicht einen dieser peinlichen Abschiede von meinem Dad hinkriegen, und wir »Kinder« müssten uns nicht den Tag in Elternschichten aufteilen. Aber als Theresa anrief, um mich daran zu erinnern, dass sie und die Kinder meinen Dad mitnahmen, um Weihnachten bei meinem Bruder Gerald mit dem jüngsten Enkel in Bonner Springs zu feiern, fühlte ich mich, als habe mir der Grinch mein Weihnachtsfest gestohlen.

Ich legte auf und verkündete der leeren Küche: »Bah, Verrat!« Die Wahrheit war, dass ich Weihnachten immer gefürchtet hatte. Ich weiß, dass das genau die falsche Gemütsverfassung ist, aber als jüngstes von fünf Kindern in einem Haus, in dem es immer wenig Geld gab, wenn überhaupt welches da war, entdeckte ich sehr früh, dass dieser wunderbare Tag voller Spannungen und Konflikte sein konnte. Es ging nicht darum, die Geschenke nicht zu bekommen, die ich mir in den Kopf gesetzt hatte, oder nicht die »schöneren« Geschenke zu bekommen, die meine Brüder kriegten – fast jedes Kind muss sich mit so etwas auseinander setzen. Es ging um andere Sachen, die schwerer festzumachen waren. Vielleicht um das Bedauern meiner Eltern, dass es bei uns nicht mehr und schönere Geschenke geben konnte. Nein, das war es auch nicht. Denn solange ich mich erinnern kann, fühlte ich mich, als würde ich etwas verpassen – irgendetwas Wunderbares. Keine Geschenke oder etwas Bestimmtes, ich hegte eher eine Hoffnung oder eine Sehnsucht, dass dieses Jahr alles gut werden würde. Dass es trotz allem endlich ein wunderbares Weihnachten werden würde, an dem mich niemand hänseln, aber auch niemand ignorieren würde, und an dem ich so viel von allem haben konnte, wie ich wollte (ein zweites, drittes, ja, ein viertes Mal von der Füllung!). Und dass ich mich nicht so allein gelassen fühlen würde am Ende des Tages – einsamer, als ich mich je an Tagen fühlte, die nichts Besonderes sein sollten.

Nach der Scheidung meiner Eltern war es mir so vorgekommen, als verlasse jedes Jahr eins meiner Geschwister das Haus. Schließlich waren nur noch mein Dad und ich über, in einem Haus, das randvoll mit Kindern gewesen war, und meine Brüder und Schwestern benahmen sich Weihnachten wie Gäste – in einem Haus, das uns allen gehört hatte. Als ich dann aufs College ging, waren wir alle Gäste in dem Haus, und obwohl Freunde und Freundinnen, aus denen später Ehefrauen und Ehemänner wurden, und Kinder dazukamen, war es doch nie das innig-kitschige Klischeeweihnachten. Vielleicht griff ich mit dieser Vorstellung der »liebenden Familie im trauten Heim« nach den Sternen. Irgendwie hatte ich immer angenommen, dass alle anderen so ein Zuhause hatten.

Und jetzt sollte es in diesem Jahr auf einmal gar kein Weihnachten in meinem ehemaligen Elternhaus geben. Mein Bruder Tim fuhr mit seiner Familie zu den Schwiegereltern. Anne besuchte ihre Eltern in St. Joe, und Mark machte auch auf Familie. *Klappt ja wieder alles bestens*, dachte ich. *Du nervst dich fast seit 30 Jahren über Weihnachten, und nun kannst du es mal ganz allein verbringen. Hoffentlich bist du jetzt zufrieden!*

Nun, ich war nicht zufrieden, aber ich hatte genug zu tun. Seit ich entdeckt hatte, dass der Weg zu Gracies Magen durch ihren ... Magen führte, tat ich nichts anderes, als mich meinen Back-Orgien hinzugeben. Gewiss, mein ganzes Repertoire bestand aus Keksen, aber, wenn ich das selbst einmal sagen darf, aus was für welchen!

In der Sekunde, in der ich die grundlegenden Fertigkeiten erlernt hatte (das hieß, ich hörte auf, die Kekse blechweise verkohlen zu lassen – mein Mantra hieß goldbraun), fing ich mit dem Experimentieren an. Und ich war sehr experimentierfreudig. Ich wollte herausfinden, was für Lebensmittel ich in Kekse tun konnte, die dann noch nach Keksen schmeckten, so aussahen und von Gracie gefressen wurden. Ich probierte wohl jede Zutat, die ich finden konnte, außer Fleisch, Schokolade, Salz und Zucker. Manche der Zutaten lagen bei Keksen nah –, Weizenkeime, Rosinen, Haferflocken, Karobflocken – andere nicht. Alle drei Hunde liebten Knoblauch (wer hätte das gedacht?), und Gracie mochte eigentlich immer Spinat und Karotten, genauso wie Tomaten. Bananen und Äpfel bildeten bei ihr das Schlusslicht.

Ich versuchte es nicht persönlich zu nehmen, wenn Gracie mal eine Fuhre nicht mochte, und ich fand heraus, dass ich mir keine Sorgen machen musste, ob sie wieder mit dem Essen aufhören würde. Was ihr einmal schmeckte, mochte sie immer, deswegen war ich auch so experimentierfreudig. So entdeckte ich, dass Gracie keine Birnen mochte. Wenn sie in ein Keks biss, in dem Birnenschnitze waren, dann kniff sie die Augen zusammen, kräuselte die Nase, zog die Lippen von den Zähnen zurück wie Rollos, schüttelte energisch den Kopf und sagte (ich zitiere): »*Brrrrrr!* Brack! Brack! Brack!« Später erfuhr ich, dass andere Hunde sich nicht ganz so sehr anstellten.

Mark und ich hatten uns entschlossen, eine Sylvesterparty zu geben, aber ohne viel Aufwand – das war einfach nicht unser Stil. Deswegen war ich ziemlich überrascht, als Mark eines Tages Mitte Dezember ein Knoblauch-Spinat-Keks in die Hand nahm, daran roch und sagte: »Hey, hättest du nicht Lust, ein paar Bleche voll für die Sylvesterparty zu backen?«

Ich warf ihm einen von den Blicken zu, die er mir sonst gerne zuschießt. »Mark, niemand wird sie essen! Es sind Hundekuchen!« Er seufzte, zwar nur einmal, dafür aber sehr hörbar. »Ich meinte für Hunde, du Blödmann!«

»Laden wir denn Hunde zur Party ein?«

»Nein, jein, ja, ich meine, das könnten wir eigentlich machen, aber darum geht es gar nicht. Ich dachte nur, da fast jeder, den wir kennen, einen Hund hat, wäre es doch cool, ihnen als kleines Geschenk eine Tüte Neujahrshundekuchen mitzugeben.« Er starrte mich an: »Für ihre Hunde.«

»Hm. Ich denke mal drüber nach.« Dabei hatte ich schon angefangen, darüber nachzudenken, denn ich fand die Idee ganz toll. Aber einem Typ wie Mark darf man das nicht so zeigen, sonst steigt es ihm sofort zu Kopf.

»Hey, du solltest welche für den Hund von deinem Vater machen und morgen mitnehmen.«

»Ach, weißt du, dies Jahr fällt Weihnachten bei meinem Vater aus.« Ich erzählte ihm die ganze Geschichte, warum ich den Tag diesmal nicht mit der Familie verbrachte.

Er sah mich verdutzt an: »Und – wohin gehst du morgen?«

»Na ja, ich wollte hier bei den Mädchen bleiben, vielleicht gehe ich ins Kino, backe ein paar Kekse ...«

»Hm, nein.« Wieder dieser Blick. »Das finde ich überhaupt nicht gut.«

»Was willst du damit sagen?«

»Ich will damit sagen, dass du hier nicht alleine rumhängen sollst, sondern mit zu meinen Eltern kommst.«

»Hör auf, Mark. Ich kann doch nicht bei eurer Familienfeier dabei sein.«

»Warum denn nicht?«

»Na ja, es ist doch Weihnachten! Ein Familienessen. Wahrscheinlich das Familienessen überhaupt. Ich gehöre nicht zur Familie. Es wäre nicht richtig.«

Mark rollte die Augen und lächelte dazu. »Für einen Typ mit einer gut katholischen Erziehung hast du aber merkwürdige Ansichten über Weihnachten. Und vor allem hast du wirklich merkwürdige Ansichten über Familien.« Er stand vom Küchentisch auf und sah sich überall um, fast als sähe er das alles zum ersten Mal.

»Sieh dir das an!« Er machte eine allumfassende Geste: Das Durcheinander auf der Arbeitsfläche, die Zeitungsstapel, die drei bekloppt vor sich hin guckenden Hunde, die gekommen waren, um an der Unterhaltung teilzunehmen. »Sieh dir das doch mal alles an! Sieh dir die Trottel hier an!« Er zeigte auf die Mädchen, die seine Hand im Auge behielten. »Dieses Haus. Was es bedurfte, um es zu bekommen. Was es bedarf, um es zu unterhalten. Jeden Penny, den wir hatten, und die meisten von denen, die wir in den nächsten Jahren verdienen werden. Wir sind jeden Tag hier, wir reparieren das Haus, waschen die Wäsche, essen zusammen, sehen fern, beschäftigen uns mit den Hunden. Dies ist eine Familie. Dieses.« Er breitete die Arme aus wie ein Straßenprediger. »Es spielt sich nicht irgendwo oder irgendwann anders ab, es sind auch nicht die anderen. Na gut, es sind auch die Leute, die dich großgezogen haben und mit denen du aufgewachsen bist. Aber dazu kommen jetzt diejenigen, mit denen du Tag für Tag zusammenlebst. Es tut nichts zur Sache, ob es auf dem College ist, bei der Armee oder …«, allumfassende Geste, »… dies ist oder was auch immer! Dies ist eine Familie. Wir sind die Familie. Und wenn ich meine Familie zu Weihnachten nicht mit zu meinen Eltern bringen darf, dann wäre das gar nicht in Ordnung.«

Dem hatte ich nichts entgegenzusetzen. Und ich wollte es auch gar nicht. Um Ihnen die Wahrheit zu sagen, war es ein Streit, den zu verlieren mich irgendwie freute.

Der Weihnachtsmorgen war kalt und klar – einer dieser Tage, an denen einem die Welt scharf gestochen erscheint. Wir packten die Mädchen auf Marks Lieferwagen (Weihnachten ohne Hunde? Konnte ich mir nicht vorstellen!) und fuhren zum Haus von Marks Eltern in Leawood – ein hübsches Haus auf der richtigen Seite der Bahn. Ich wusste nicht, was ich erwarten sollte, also erwartete ich gar nichts. Alles was ich wusste, war, dass sein Dad Gerald unglaublich schlau war und eine eigene pharmazeutische Forschungsklinik gegründet hatte, in der Mark arbeitete, und dass seine Mom LuAnn sehr nett war – nicht nur eine klasse Köchin, sondern überhaupt die perfekte Mom.

Es war das merkwürdigste Weihnachten meines Lebens. Nichts passierte. Nichts passierte, und ich fühlte mich unheimlich wohl. Alle hießen uns und die Hunde willkommen. LuAnn tat so, als sei ich schon seit Monaten eingeladen gewesen. »Dan, wie schön, dass Sie gekommen sind.«

Da Marks Familie in einem noblen Viertel wohnte, stellte ich mir vor, dass der rituelle Gabenaustausch so eine Art von Spiel war, bei dem einer den anderen übertreffen wollte und ich am liebsten in einer Ecke verschwunden wäre, weil ich keine Geschenke zu geben und anzunehmen hatte. Aber das war falsch – es gab keinen rituellen Geschenktausch. Natürlich gab es witzige Sachen für die Kids, jedes kriegte ein großes und ein kleines Spielzeug. Mark und seine Brüder hatten zusammengelegt und schenkten ihren Eltern ein Kunstwerk. Außerdem gab es eine Reihe roter Filzstrümpfe, die vom Kaminsims hingen, einen für jedes Mitglied der …

»Also, Dan, hier ist Ihrer, neben Marks. Geben Sie Acht, dass nichts rausfällt.«

Ein Weihnachtsstrumpf. Ich hatte einen Weihnachtsstrumpf. Marks Mom hatte ihn für mich gemacht. Mein Name prangte in Glitzersternchen drauf. Ich war dreißig Jahre alt und fühlte mich wie zehn mit meinem Strumpf. Es war ein schönes Gefühl.

»Hey, was hast du gekriegt?« Ich hob den Kopf und sah Mark im Schneidersitz neben seiner fünfjährigen Nichte Laura auf dem Boden sitzen, der wie sie langsam den Inhalt des Strumpfes in seinen Schoß leerte. Ich sah Mark über die Schulter, um seine Ausbeute zu begutachten.

Es war eine wunderbare Mischung aus Praktischem, Luxus und Albernem: sechs weiße Taschentücher mit Monogramm, ein kleines Plastiknetz mit verpackten Schokoladentäfelchen, ein kleines Fingerkino (ein Reiter, der über Hürden springt), eine schöne Krawatte, ein paar Footballkarten, ein Pez-Spender in Gestalt eines Weihnachtsmanns … Er schüttelte den Strumpf und noch mehr Sachen fielen heraus. Schließlich kam er unten an.

»Warte mal, was ist denn das?« Er zog etwas hervor, das wie ein Ausstechförmchen in Form eines Hundeknochens aussah und mit einem Gummiband an einem kleinen Zettel befestigt war. »Hey, Mom, das hätte doch in Dans Strumpf gehört!«

Ich wollte gerade fragen. »Was ist …?«

»Ich weiß!« rief LuAnn aus der Küche. Aber sein Strumpf war schon so voll, jetzt müsst ihr Jungs euch das teilen.«

»Ich weiß nicht«, sagte Mark, »vielleicht will ich ihn ganz für mich allein.«

Ich schnappte ihm den Zettel weg. »Lass mich mal gucken!« Es war ein Rezept für Hundekuchen!

LuAnn kam herein und wischte sich die Hände an einem Küchentuch ab. »Ist das nicht toll? Ich hab's in einem alten Kochbuch gefunden.«

Dottie tauchte aus dem Nichts auf und versuchte, mir das Rezept wegzuschnappen. Als ahnte sie, dass sich dieses kleine Papier in Essen übersetzen ließ. Eine Sekunde später musste sich Gracie auch noch auf die Hinterbeine stellen, und ich steckte den Zettel in die Tasche, damit sie ihn nicht auffraßen, bevor ich ihn seiner eigentlichen Bestimmung zuführen konnte.

»Jungs, ich glaube, sie versuchen euch was zu sagen.«

»Ich bin sicher, sie können es kaum erwarten, bis ich das Rezept morgen ausprobiere.« Ein Keksförmchen in Knochenform. Huh.

»Ich habe gerade den Truthahn aus dem Ofen genommen, die Pastetchen kühlen schon ab, und alles andere wartet darauf, dass wir den Vogel schneiden, also gehört der Ofen euch. Wenn sich rausstellt, dass der Truthahn zu trocken ist, dann essen wir nachher alle die Kekse!«

Mark hatte plötzlich Feuer gefangen: »Ich helfe dir!«

Laura flötete: »Kann ich mitmachen?«

»Ich auch?« sagte Caitlin, die dreijährige Schwester von Laura. »Ich will auch helfen!«

Mark stand auf und formte ein Megaphon mit seinen

Händen: »Kht! Ich bitte um Ihre Aufmerksamkeit! Würden sich all diejenigen, die am Backen der Weihnachtshundekuchen teilzunehmen gedenken, zwecks weiterer Unterweisung in die Küche bequemen. Kht!«

Im Gegensatz zu unserer Küche in der Rue Morgue war LuAnns gut mit allem bestückt. In den zwanzig Minuten bevor der Truthahn geschnitten wurde, gelang es uns, die Zutaten zu mischen (wobei wir einen elektrischen Mixer benutzten), den Teig flach auszurollen (statt ihn mit Backpapier platt zu drücken) und Dutzende perfekter kleiner Hundeknochenbiskuits auszustechen. Sarah und Dottie sahen sich zusammen mit Marks Dad und Bruder das Footballspiel im Fernsehen an, aber Gracie kam zu uns. Ich bin mir sicher, dass sie uns geholfen hätte, wenn Laura und Caitlin sich nicht auf sie geschmissen hätten, um sich Gracies Gesichtsbehandlung abzuholen. Dann schrien sie »Iiiih!« und wollten sofort mehr. Laura hatte die Ehre, die Bleche in den Ofen zu schieben und Caitlin durfte das Ofenlicht anstellen, damit man die Kekse sehen konnte, und genau in dem Moment rief uns LuAnn herein.

Sowie sich alle gesetzt hatten, räusperte sich Marks Dad, offensichtlich zum Zeichen, dass alle leise sein sollten, damit er beten konnte. »Ähm. Dan, würden Sie das Gebet sagen?«

Plötzlich waren alle Blicke auf mich gerichtet, so wie eine Flutlichtanlage einen fliehenden Häftling einkreist und an die Wand drückt. Um genau zu sein, sahen sie mich im Grunde reichlich freundlich an. »Tja, es ist schon ein Weilchen her ...«

Kichern. Wir hörten alle, wie Mark seiner Mutter zuflüsterte: »Er weiß überhaupt nicht, wie man betet!«

»Natürlich weiß er das«, versicherte sie ihm. Und mir.

Da wurde mir schlagartig klar, dass ich noch niemals das Tischgebet gesprochen hatte. Okay. Kein Problem. »Hm.« Guter Anfang, Dan, du bist schon mitten drin. »Wir danken dir, lieber Gott, für die Reichhaltigkeit des Mahls, das wir jetzt zu Ehren dieses geheiligten Tages zu uns nehmen werden. Wir danken dir für das ... für das Geschenk der Liebe, das du uns und der ganzen Menschheit dargebracht hast. Und wir danken dir, lieber Gott, für die kostbare Gabe der Familie und der Freunde, durch die wir diese Liebe erleben, heute und – hoffentlich – an jedem Tag. Amen.«

»Amen.«

Ich sah mich um, um zu sehen, ob sie ein Und-das-nennst-du-ein-Tischgebet-Gesicht machten, aber niemand tat das.

Mark sah sogar beeindruckt aus. »Die Jesuiten haben offensichtlich gewusst, was sie taten.«

»Das war wunderbar, Dan«, sagte LuAnn, »vielen Dank.«

»Ein schönes Gebet«, sagte Gerald. »Nun lasst uns essen!«

Es war tatsächlich ziemlich beeindruckend, dachte ich. Ich fragte mich, woher ich das hatte. In dem Moment bemerkte ich einen Hauch Feuchtigkeit an meinem Ärmel, drehte mich um und sah mich Gracie fast von Nase zu Nase gegenüber, lächelnd. Ihr herausragender Geruchssinn hatte ihr mitgeteilt, dass die Kekse fertig waren, und sie wusste, dass ich es wissen wollte. Wir trotteten zusammen in die Küche und sie schlug sich den Bauch mit ihrem Abendessen voll.

Dann aß ich. Und aß. Und aß. Ich bekam Nachschlag

von allem, ich bekam sogar ein drittes Mal von den Kartoffeln und der Füllung. Dank Laura und Caitlin erwischten die Hunde die besten Bissen in ihrem jungen Leben. Sie waren so satt, dass sie von den Hundekuchen etwas übrig ließen. Später gab LuAnn sie an die Hundebesitzer unter ihren Freunden weiter.

Nach dem Essen passierte das Komischste: Der Fernseher wurde nicht angestellt. Wir unterhielten uns. Wir unterhielten uns in kleinen Gruppen, in Paaren und wechselnden Konstellationen im Verlauf dieses Tags. Nach dem Dessert war ich so satt, dass ich mich kaum noch bewegen konnte, deswegen saß ich in einer Art Verdauungsstupor vor dem Kaminfeuer und starrte in die Flammen – ohne etwas anderes denken zu können als: Junge, bin ich satt. Dann kam Gracie, vielleicht zum ersten Mal im Leben mit einem vollen Bauch, setzte sich neben mich und leckte mir die Wange. Sie ließ mich wissen, dass sie hier war und froh sei, dass auch ich da war.

Als Mark und ich mit unserer Hundemeute abzogen, fiel mir auf, dass es genau das Weihnachten gewesen war, das ich mir immer gewünscht hatte – ein Weihnachten, an dem sich die Menschen etwas bedeuteten.

Die Menschen und die Hunde natürlich.

Silvesterkrise

Obwohl ich mich am 30. Dezember noch im Abglanz meiner nachweihnachtlich guten Stimmung (und in meiner Erleichterung, dass ich das Geheimnis, wie Gracie zu füttern war, gelüftet hatte) schlafen gelegt hatte, wachte ich am Silvestermorgen in einer ganz anderen Laune auf. Ich konnte nicht sagen, was los war, aber ich wusste, irgendwas war anders.

Wahrscheinlich gibt es eine Menge sensibler Typen auf der Welt, die in andauerndem Kontakt mit ihren Gefühlen stehen und entsprechend reagieren. (»Ach, ich hatte so komische Anwandlungen, die habe ich mit dem Kind in mir besprochen und jetzt geht's uns gut!«) Ich beneide solche Typen. Für mich sind Gefühle – außer Angst – eher wie Unterhaltungen in der Wohnung nebenan: Du kannst sie nur hören, wenn sie laut genug sind, und selbst dann musst du dich bemühen, um zu verstehen, was gesagt wird. Heute hätte ich eine professionelle Abhörausrüstung gebraucht.

Zuerst war ich unruhig oder sogar hibbelig. Ich dachte mir, dass es damit zusammenhing, dass ich für die Party am Abend noch so viel zu erledigen hatte, also setzte ich mich in Bewegung. Mark hatte nicht frei, aber er lieh mir seinen Lieferwagen, und ich verbrachte den

Großteil des Tages damit, Partyvorräte ranzuschaffen – in der Gesellschaft und mit der moralischen Unterstützung der Misses Sarah, Dottie und Gracie. Ich hatte eine lächerlich ausgefeilte Liste gemacht (Bud-Dosen-2-Kästen; Bud-Flaschen-2-Kästen, Chips-gerillt-4-Tüten; Chips-normal-4-Tüten ...). Bestimmt ging es mir besser, wenn ich die Punkte abhaken könnte. Ich hakte einen nach dem anderen ab, und aus der Hibbeligkeit wurde ein Gefühl unglaublicher Schwere – nicht so, als hätte ich hundert Pfund zugenommen (das hatte noch etwas Zeit), sondern eher, als habe sich die Schwerkraft verdoppelt oder verdreifacht. Kaum war ich mehr imstande, mein eigenes Gewicht zu schleppen. Ich bin jedoch gerade noch sensibel genug, um zu bemerken, dass das Gefühl psychischen und nicht physischen Ursprungs war, doch als ich mein Ohr an die Wand zwischen mir und meinen Gefühlen drückte, war alles, was ich hören konnte, ein verstimmtes Grummeln.

Aber ich hatte dringlichere Sorgen. Eine halbe Stunde vor Partybeginn hatte ich mich noch nicht rasiert, geduscht, umgezogen, geschweige denn, dass ich etwas dekoriert oder die Sachen hingestellt hätte. Natürlich war das der Moment, in dem sich das Kind in mir zu Wort meldete, um mir zu erklären, es habe das sichere Gefühl, dass es eine tolle Party hätte werden können, dass es jetzt aber eine Riesenenttäuschung für alle zu werden drohte – eine Art kleinere Version meines eigenen Lebens. Ich hatte gerade den ersten flüchtigen Blick auf das behaarte grüne Monster geworfen, das den ganzen Tag auf meinem Rücken gesessen hatte, da klingelte es an der Tür. Es war Anne – an der Tür, meine ich.

Ob zur Arbeit oder zum Vergnügen, Anne kommt immer als Erste, dieses Mal mit zwei Blechen frisch gebackener Chocolate Chip Cookies, zwei Einkaufstüten voller Kram und mit Merlin, der an mir vorbeisprengte, um mit seiner kleinen Schwester Gracie die Köpfe aneinanderzustoßen. Anne trat etwas graziöser ein als Merlin, mit einem breiten Lächeln, das mir bedeuten wollte, wie toll ich alles dekoriert hatte. Als sie sah, dass es bei uns genauso einen Eindruck wie am 28. April oder 4. Oktober machte, holte sie einmal tief Luft und sagte: »Hey, Partyjunge! Ich bin ein bisschen früher gekommen, um dir bei den Vorbereitungen zu helfen!«

Ich sah sie mit zusammengekniffenen Augen an: »Das stimmt doch gar nicht!«

Sie lächelte noch breiter und ihre Augen strahlten so, dass man die ehemalige Ballkönigin gut erkennen konnte. »Natürlich stimmt das!«

»Es stimmt nicht, gib's schon zu, Anne.«

Sie hatte ihren Mantel ausgezogen und reichte ihn mir, immer noch strahlend, wobei sie sich einen Eindruck vom Zustand unserer Behausung verschaffte und ihre Ärmel hochkrempelte. »Kumpel, ich bin früher gekommen, weil mir aus irgendeinem merkwürdigen Grund etwas an deiner Gesellschaft liegt und ich dir helfen könnte, falls es nötig wäre. Du hast wahrscheinlich gerade gedacht, dass dein Leben den Bach runtergeht und die Party ein Desaster wird, stimmt's?«

Kennen Sie das: Wenn es einem schlecht geht und eine Freundin oder ein Freund versteht, was mit einem los ist, bevor man es selbst begriffen hat, fängt man fast an zu heulen.

Anne klopfte mir auf die Schulter. »Okay«, sagte sie.

»Wir machen jetzt aus diesem Macker-und-Meute-Loch das ultimative Sylvester-Party-Palais.« Und das taten wir. Es dauerte noch nicht einmal so lange, wie die meisten Leute dafür brauchen, ein Bild aufzuhängen. Es war natürlich hilfreich, dass sie meterweise Lametta und Papierschlangen mitgebracht hatte, dazu eine Tüte Luftballons, ein paar Dutzend Tröten und vier lange Mond-und-Sterne-Lichterketten, die unser Erdgeschoss zusammen mit vielen, in Wasserschälchen schwimmenden Teelichtern aussehen ließen, als hätten sich ein paar Sternbilder zu uns verirrt. Es war das und es waren irgendwelche Horsd'œuvres, deren Zutaten sie in der Zeit »zusammenschmiss«, die ich brauchte, um eine Tüte Mehl zu öffnen.

Es gelang Mark, eine ganze Minute, bevor unsere ersten offiziellen Gäste eintrafen (und das heißt, jeder außer Anne), in meinem Hyundai vorzufahren. Er begrüßte Sarah, Dottie, Gracie und Merlin, die alle ein wenig Aufmerksamkeit von ihm forderten. Mark arbeitete sich durch die Meute und murmelte: »Tut mir Leid, ihr Viecher, ich muss unter die Dusche, hier sieht's ja klasse aus, Mann, haste gut gemacht, schon wer da? Ich bin in fünf Minuten wieder unten, um dir zu helfen, nein, Dottie …« und verschwand im ersten Stock.

Anne warf mir einen Blick zu, halb amüsiert, halb entschlossen. »Na gut«, sagte sie. »Wir machen es so: Du gehst an die Tür. Die Garderobe kommt in den hinteren Schrank. Alle sollen ihre Sachen selbst aufhängen. Cue Music, vielleicht frühes Motown, könnte etwas Feststimmung aufkommen lassen – in meiner Tasche sind ein paar Kassetten, Greatest Hits von Temptations und zwei von den Supremes.

»Anne, bist du zufällig Mary Poppins?«

Sie lächelte. »Ich erklär's dir später. Dann hätte ich gerne, dass du das Eis aus dem Tiefkühlschrank holst und in die große Wanne tust, und zwar auf einen Kasten Bier, mitten auf dem Tisch. Sprudel und Saft und so kommen ans andere Ende, neben die Plastikbecher, und eine Tüte Eis in die grüne Schüssel. Dann treffen wir uns wieder hier. Hast du alles?«

»Ähm.« Ich konnte mich zwar an nichts mehr erinnern, was nach dem »Du gehst an die Tür ...« kam, aber ich wollte sie nicht enttäuschen und dachte mir, es würde mir schon wieder einfallen, wenn ich nicht mehr mitten im Scheinwerferkegel ihrer sendungsbewussten Blicke stand.

»Gut. Ich gucke mal nach den Horsd'œuvres und stelle die Teller mit den Keksen auf. Ich schreie, wenn ich deine Hilfe brauche, um die Punschschüssel reinzubringen.« Sie rannte auf die Küche zu, stoppte aber bei dem Sack mit den bunt eingewickelten Päckchen. Sie nahm eins hoch und fragte: »Was ist das?«

»Hm, es ist, na ja ...« Plötzlich kam mir die Idee richtig albern vor. Was hatte ich mir dabei gedacht? »Es sind Partyüberraschungen. Für die Hunde der Leute. Hausgemachte Hundekuchen. So wie die, die ich für ...«

»Was für 'ne tolle Idee.« Sie lächelte. »Kein Wunder, dass du so beliebt bist.« Da klingelte es an der Tür, und sie verschwand in der Küche. Ihr strahlendes Lächeln hing noch an der Stelle, die sie gerade verlassen hatte.

Ich kam gerade vor der Meute an der Tür an. Ich öffnete sie in dem Moment, in dem die vier Hunde laut bellend aus der Küche geschlittert kamen, allen voran

Gracie. Ich packte sie am Halsband und gab meine beste Imitation von Marks »NEIN!«. Ich muss die anderen drei so überrascht haben, dass sie ihre wilde Jagd abrupt abbrachen. Sie machten diese ruckartige Kopfbewegung, die man normalerweise nur in Science-Fiction-Filmen sieht, wenn jemand in ein unsichtbares Kraftfeld donnert. »Sitz!« Ich dachte, ich könnte sie dazu bringen, etwas zu tun, denn ich hatte ihre ganze Aufmerksamkeit, aber es war offensichtlich, dass ich mein Glück auf die Probe stellte – sie traten auf der Stelle und warfen sich unsichere Blicke zu, und als Merlin (neben dem Gracie zierlich aussah) meine Autorität zu unterminieren begann, hatte ich das vage Gefühl, dass sie gleich in Lachen ausbrechen würden.

»WOOF!« erklärte er ihnen in seinem sonorsten Bass, und dann im Takt noch mal: »WOOF!« Ich war mir ziemlich sicher, dass er ihnen damit erklärte: Beachtet diesen Zweibeiner nicht. Er hat keine legale Handhabe gegen euch. Ich war gerade dabei, den Gegenbeweis anzutreten, als ich ein äußerst vorsichtiges »Hallo?« und ein »Hi, na?« hinter meiner Schulter hörte. Von den Gästen an der Tür, die ich vergessen hatte. Ich drehte mich um, um unsere Freunde, die guten alten – hm, Ich-glaube-dass-ich-euch-kenne-aber-wer-seid-ihr-eigentlich – zu begrüßen. Sie wissen schon, wen ich meine. Sie sind ein entzückendes Paar; ich bin mir sicher, sie waren auch schon bei Ihren Partys. Und Sie haben sie mit dieser übertriebenen Begeisterung begrüßt, genau wie ich.

»Oh, hi! Kommt rein! Ich bin ja so froh, dass ihr kommen konntet! Wie geht's euch denn so?« Ich machte einen unheimlichen Wirbel um sie, bat sie durch den Windfang einzutreten, während Sarah, Dottie, Gracie und Merlin herumstanden und aufrührerisch murmelten – so aufrührerisch, wie Hunde sich etwas zumurmeln können, wenn jeder neue Gast an der Tür eine unbeschreibliche Ekstase verspricht, eine noch nie zuvor erlebte Ekstase.

»Oh, gut, es geht uns wirklich gut«, antwortete der Ehemann. Oder Freund. Oder Bruder …

»Das ist ja klasse!« sagte der Gastgeber und dachte: Also ihr wollt mir auch nicht helfen, oder? »Gebt mir mal eure Mäntel und geht rein und macht's euch bequem.«

»Klasse!« sagte die … Weibliche der beiden. »Oh, bevor ich's vergesse«, sagte die Ehefrau oder Freundin oder Schwester, »wir haben Champagner mitgebracht!« Damit überreichte sie mir feierlich eine Flasche.

»Na ja, genau gesagt«, sagte der … Typ, »ist es kein Champagner, Liebling, sondern ein Crémant.«

Liebling sah ziemlich eingeschnappt aus. »Was meinst du damit, es ist kein Champagner? Sieht es vielleicht aus wie Kochsherry, Fred?«

»Na, weißt du, Liebling, technisch gesprochen kommt der Champagner ausschließlich aus der Champagne, also selbst wenn du dieselbe Traubensorte nimmst, sie aber im, ich sag mal, im Rheintal anbaust, sogar wenn du, ich sag mal …«

Ich dachte gerade: Müssen Marks Freunde sein, da hörte ich: »Dan!«

Mark kam mir zur Hilfe, rasiert, geduscht und in bester Partylaune. »Hey Anne! Hallo, ihr beiden!« Als er an den Hunden vorüberschritt, riss sein lässiges »SITZ!« die Magneten in ihren Hinterteilen auf den Boden. Er begrüßte die Gäste mit einer Energie, die man nur aufbringen kann, wenn man nichts dafür getan hat, damit die Party stattfinden kann. »Hey, kommt rein!«

Ich warf Anne einen Blick zu.

Sie warf ihn zurück. »Warum gehst du dich nicht schnell duschen und rasieren? Mark und ich haben hier alles ganz gut unter Kontrolle.«

Als ich zwanzig Minuten später wieder runterkam, war der Teufel los – es waren wohl vier oder fünf weitere Hunde gekommen und vielleicht 30 Leute, von denen ich die meisten auch noch kannte (jedenfalls die Hunde), und es sah ganz danach aus, als würden sie sich amüsieren. Sie begrüßten mich sogar im Chor mit einem fröhlichen »Hi, Dan!« Eine Sekunde lang hätte ich um ein Haar vergessen, dass mein Leben kein Ziel hatte.

Ich versuchte wirklich, die Party zu genießen – ich redete mit einem Haufen Leute, trank etwas Bier, aß ein paar von Annes Keksen (normalerweise ein idiotensicherer, wenn auch nur kurzfristig wirksamer Stimmungsaufheller). Ich tanzte sogar ein wenig. Gegen 23.30 Uhr fand ich mich vor der x-ten Bierdose in der Küche sitzend vor. Ich war nicht gerade froh, allein zu sein, aber irgendwie fühlte ich mich hier weniger einsam als unter den Leuten. Dann kam Anne herein, um meine Träumereien zu unterbrechen.

»Versteckst du dich vor deinen Fans?«

Ich wandte mich ab und machte die Lass-uns-nicht-drüber-sprechen-Geste.

»Oh, wir sollten unbedingt darüber sprechen.« Sie zog sich einen Stuhl ran. »Du fängst an.«

»Es gibt nichts zu sagen. Ich weiß nicht, was es ist.«

»Was was ist?«

Ich stieß einen Seufzer aus. »Na gut. Es ist ... ich meine, alle feiern da draußen, sie sind so optimistisch und haben Vorsätze für Neujahr. Sie stellen sich vor, was alles anders und besser wird, und für sie wird alles anders und besser ... und für mich nicht.«

»Nein?«

Ich schüttelte den Kopf. »Ich bin 30 Jahre alt, in einem Sackgassenjob ohne Aussichten auf etwas anderes und fahre mit 100 Stundenkilometern in keine bestimmte Richtung. Mein ganzes Leben lang habe ich gedacht, alles wäre besser, wenn alles andere anders wäre – wenn mein Familienleben nicht so durchgeknallt gewesen wäre, wenn wir nicht so arm gewesen wären, wenn mich irgendwer gefördert hätte, wenn ich auf eine bessere Uni gegangen wäre, wenn ich einen besseren Job oder einen besseren Chef hätte ... wenn, wenn, wenn.«

»Aha.«

»Und weißt du was? Das ist überhaupt nicht das Problem. Ich bin das Problem. Ich bin der Grund, warum mein Leben sich nirgends hin entwickelt.«

Anne hob eine Augenbraue, aber sie unterbrach mich nicht.

Ich machte weiter. »Weihnachten fiel's mir wie Schuppen von den Augen. Immer diese Schuldzuweisungen. Als ich mit Mark zusammen war und seiner ganzen Familie und mit den Hunden, wurde mir bewusst, dass mir nichts fehlt. Ich habe alles, was ich für ein gutes Leben brauche. Das Einzige, was mir fehlt, ist etwas, was mir niemand anders geben kann: ein Ziel!« Ich schlug auf den Tisch. »Was stelle ich nur mit meinem Leben an?«

Gracie trottete herein, als hätten sie die Schwingungen herbeigerufen, und ließ ihren großen Kopf auf meinen Oberschenkel plumpsen. Merlin galoppierte hinter ihr her. Seine Ankunft kündigte er mit einem hauserschütternden »WOOF!« an, nur für den Fall, dass wir ihn nicht bemerkt hatten. Er legte seinen Kopf auf dem Tisch ab.

Ich hörte, wie Anne tief Luft holte, auch wenn ich sie nicht ansah. »Hey«, sagte sie, »wenn ich mich jetzt wie eine Kindergärtnerin anhören sollte, kannst du es mir ruhig sagen. Manchmal dauert es eine Weile, bevor etwas ausgereift ist. Es gibt Vorbereitungen zu treffen und wir lernen oft unbemerkt, während wir warten.«

»Aber Vorbereitungen wofür? Mehr vom selben? Dies Jahr und nächstes Jahr und im Jahr darauf? Ist das alles?«

Ich ertappte sie dabei, wie sie ein Lächeln unterdrückte. »Was ist denn mit Marks und deiner Geschäftsidee?«

Ich schüttelte den Kopf. »Ach, das sind doch alles nur Hirngespinste. Wir haben überhaupt keine Ahnung von Geschäften. Was haben wir uns denn vorgestellt? Dass diese Idee einfach vom Himmel fällt? Na, weißt du.« Ich nahm einen Schluck Bier und knallte die Flasche auf den Tisch.

Anne stand auf und kam um den Tisch herum auf mich zu. Im Wohnzimmer sang ein Künstler, der noch nicht der Künstler war, der früher als Prince bekannt war, von einer Party, als sei schon Silvester 1999. Sie legte mir ihre warme Hand in den Nacken.

»Es hört sich so an, als würdest du etwas über Demut lernen.«

»Ja, klar. Mir kommt es eher so vor, als würde ich allzu kleine Brötchen backen. Bei aller Demut.«

»Meine Mama hat immer gesagt, ein Großteil Demut liegt darin zu wissen, dass viel mehr geschieht – in uns, für uns, um uns herum –, als wir jemals verstehen werden. Und den Glauben zu haben, dass Gott oder das Universum oder wie auch immer du es nennen willst, uns beschützt, uns dahin lenkt, wohin wir gehen sollen, und uns von dort zum nächsten Schritt anleitet, wenn wir nur aufmerksam genug sind.«

Einen kostbaren Moment lang trat ich aus meinem eigenen Kopf und der beengten kleinen Welt, in der ich lebte, und sah Anne ins Gesicht. Sie hatte ihre eigenen Verletzungen, Verluste und Enttäuschungen zu tragen – vielleicht mehr als ihren Anteil –, und doch erklärte sie mir, dass ich beschützt und geleitet werden würde. Ich war nicht sicher, ob ich ihr glauben konnte, aber mir ging es schlagartig besser. Aus keinem ersichtlichen Grund – außer, dass ich einer guten Freundin mein Herz ausgeschüttet hatte und sie mir zugehört hatte.

Ich wollte gerade irgendwas zu Anne sagen, um sie wissen zu lassen, dass sie mir geholfen hatte, da spürte ich eine vertraute menschliche Pfote auf meiner Schulter: »Hey, ihr beiden, es ist drei Minuten vor Mitternacht!« Stimme und Pfote gehörten Mark.

Anne und ich sahen hoch, Gracie und Merlin erwarteten den Marschbefehl, Gracie mit seitwärts raushängender Zunge. »Dan ist bedrückt. Es geht um die Bahn, in die sein Leben geraten ist.«

»Willst du mich auf den Arm nehmen? Ich habe noch nie jemand gesehen, der dem Erfolg näher war!«

Ich lachte. »Oh ja – es geht jede Sekunde los!«

»Hör mal. Ich weiß, dass ich dich oft ziemlich abblitzen lasse, wenn du mit deinen verrückten Ideen ankommst. Aber schon als wir das erste Mal darüber gesprochen haben, uns selbständig zu machen, hat mir mein Instinkt gesagt, dass uns die Götter gnädig sein werden, und ich sage dir, ich fühle es stärker als eh und je.«

Ich sah ihn an. Er sah nicht betrunken aus.

»Ich meine es ernst!« sagte er.

Ich nickte. »Das glaube ich dir. Ich meine, ich glaube, dass du's ernst meinst. Aber die Sache mit den Göttern, ich weiß nicht so recht.«

»Weißt du, sie haben heute Nacht sowieso frei, also können wir sie auch aus dem Spiel lassen. Und überhaupt, was ist mit den tollen Hundekuchen? Wir sollten sie jetzt lieber unter die Leute bringen, denn nach Mitternacht gehen die Ersten bestimmt bald.«

Ich schüttelte den Kopf. »Selbst gebackene Hundekuchen. Ich weiß nicht, was ich mir dabei gedacht habe. Findest du nicht, dass es ziemlich bescheuert ist, den Leuten so was von einer Silvesterparty mitzugeben?«

Mark sagte: »Nein, verdammt!«

Anne sagte: »Bestimmt nicht!«

Mark zog mich hoch vom Stuhl. »Nun komm schon, Mann. Es ist Silvester, ein neues Jahrzehnt beginnt. Wer weiß, was es uns bringt.«

Im Wohnzimmer hatte der Count-down begonnen, dann brachen die Leute in Jubel aus. Rufe, Trötengedröhn, Gebell. Alle wünschten allen »Frohes neues Jahr!« Jemand begann, *»Auld Lang Syne«* zu singen, und es dauerte nicht lange, da sangen alle mit, lächelnd, auch wenn sie sich doof dabei vorkamen und traurig und gut, alles zur gleichen Zeit.

Als wir sangen – oder bellten –, dachte ich daran, wie wohl es mir getan hatte, Anne zu erzählen, was mir das Leben so schwer machte, und was für eine gute Freundin sie war. Ich sah mich nach Mark um, der uns andere zu übertönen versuchte, und dachte darüber nach, was für ein guter Freund er war. Und ich wandte mich um und sah Gracie jaulen, und ich dachte darüber nach, was für eine ... was für eine vollkommene Gracie sie war. Diese Ferienzeit – so kam es mir plötzlich in den Sinn – hatte mir ein ums andere Mal deutlich vor Augen geführt, dass mir die Gnade widerfahren war, Freunde zu haben. Vielleicht fehlte mir Klarheit, ein Lebensplan oder ein Karrierepfad, aber mit Freunden wie diesen, was konnte ich nicht erreichen? Mir fiel absolut nichts ein.

Eine Bäckerei für Hunde?

Am Neujahrstag weckte mich das Telefon pünktlich um zwölf.

»Dan, bist du es?« Stimme zu laut. Stimmliches Äquivalent der Sonne im Fenster. Brauche Dunkelheit. Und Ruhe.

Ein enorm großer Hundekörper kuschelte sich eng an mich, eine außerordentlich große nasse Schnauze ruhte auf meiner Schulter. Ich drückte mich gegen die warme behaarte Gestalt und dachte daran, dass die Eskimos wegen der Wärme eng an ihren Hunden schlafen. Ich stellte mir vor, wie das wohl wäre, und schon war ich in einem Iglu mit den Poker spielenden Hunden von dem Bild, nur dass wir Rommé mit Zehn spielten, ein Punkt ein Keks, Country-Music aus dem Radio hörten, und …

»Ich musste euch einfach anrufen, weil ich euch sagen wollte, wie gut es uns gestern Abend gefallen hat, und vor allem, weil ich mich für die Hundekuchen bedanken wollte! Die Jungs waren verrückt danach!«

»Hm. Die Jungs?«

»Chester und Lester. Verrückt danach! Du musst mir unbedingt das Rezept geben, okay? Fred ist schon bei der Arbeit, er übernimmt immer einen Feiertag, damit jemand mit Kindern den Tag frei nehmen kann, aber er hat mich beauftragt, euch Jungs für die Superparty zu danken. Mark auch! Okay, tschüs!«

Ich starrte den Hörer an und klammerte mich an die Ränder meines Bewusstseins. Wie die hart gesottenen Detektive, wenn sie mal wieder einen auf die Nuss gekriegt haben. Ich hatte nicht den geringsten Schimmer, wer gerade mit mir gesprochen hatte, und dann auch noch so begeistert! Ach, warte mal ... jetzt fällt's mir wieder ein ... das dürfte die liebliche Mrs. Crémant gewesen sein. »Huh.« Behaarte Pfote auf meinem weichen Bauch, Gracie zog mich an sich wegen der Wärme. Ich war gerade wieder am Eindösen, da dachte ich: *Chester und Lester? Die werden doch wohl keine Hunde mit solchen Namen – ich muss mal Mark fragen.*

»Hey, Danny, mein Freund. Fröhliches neues Jahr!« Mark war hellwach. »Kaffee?« Ach deswegen. Er goss mir eine Tasse ein und schob sie über den Tisch. »Das Telefon klingelt wie verrückt. Mindestens sieben oder acht Anrufe in der letzten halben Stunde.«

»Was für Anrufe?« Mein erster vollständiger Satz des Tages – ich liebe Kaffee.

»Von unseren Partygästen. Alle rufen an und bedanken sich für die Hundekuchen.«

»Oh, toll.« Großer Schluck. Synapsen bereit zum Feuern. »Hast du was von Hundekuchen gesagt?«

»Ja, Anne hat gesagt, dass Merlin sie in einer Sekunde verschlungen hatte, und Tanja hat gesagt: ›Zoby ist total süchtig danach.‹ Deine Schwester war vollkommen aus dem Häuschen, sie hat dauernd gerufen: ›Ihr Jungs solltet das professionell aufziehen!‹«

Ich sah Mark an, und er sah mich an. Keiner von uns sagte ein Wort. Schließlich brach er das Schweigen.

»Hey, weißt du, meine Mom hat genau dasselbe gesagt, als sie ihren Freunden die Hundekuchen gegeben hat, die wir Weihnachten gebacken haben.«

Mein Kopf wirbelte mit einer Geschwindigkeit von einer Million Touren pro Minute herum. »Glaubst du …«

Wieder hörten wir auf zu reden. Wir waren beide aufgesprungen und hatten diesen gewissen Verrückter-Professor-Blick.

»Sie hat uns natürlich nur auf den Arm genommen …«

»… wäre so ungefähr das Bescheuertste, was ich in meinem Leben je gehört habe …«

Wir schüttelten die Köpfe. Ich sah rüber zu den Mädchen. Sie starrten uns an. Ich drehte mich zu Gracie um: »Na, was hältst du davon?« Sie legte den Kopf auf die Seite, lächelte und hob die Schultern den Bruchteil eines Zentimeters, als wolle sie sagen: *Warum nicht?*

»Sie scheinen nicht zu glauben, dass es so bescheuert ist«, sagte Mark.

Wir waren mitten in einer erhitzten Diskussion, als Mark den entscheidenden Schritt tat. Er holte Papier, einen Stift und einen Taschenrechner aus der Küchenschublade und kritzelte irgendwas oben auf die Seite. In Druckbuchstaben standen dort die Worte:

AUFGABE: DIE BESTEN HUNDEKUCHEN DER GESAMTEN ZIVILISIERTEN WELT ZU BACKEN.

»So«, sagte er, »was bezahlt man denn für eine Tüte Vollkornmehl?«

Als wir uns da unsere Köpfe zerbrachen und Zahlen addierten, überkam mich ein merkwürdiges Gefühl, fast als würde mein ganzer Körper lächeln. So durchgeknallt sich die Idee auch anhörte, irgendwas an ihr fühlte sich richtig an.

Ich wusste zwar, dass es sich nicht um die Eine-Million-Dollar-Idee handelte, die einfach vom Himmel gefallen war. Ich glaubte noch nicht mal, dass wir daran richtig verdienen würden. Wir würden von Glück reden können, wenn wir gerade mal so auf unsere Kosten kamen. Aber frische superleckere Biohundekuchen zu backen, das brachte eine Saite in mir zum Klingen. Schon allein, weil es mich daran denken lässt, wie sehr ich Hunde liebe – wie viel Freude sie mir jeden Tag machen.

Und außerdem fiel mir auf, wie viel Spaß mir das Backen machte! Das klingt vielleicht etwas unglaubwürdig, wenn man meine kurze Backkarriere in Betracht zieht. Aber jedes Mal, wenn ich ein Blech mit genau richtig gebackenen Hundekuchen aus dem Ofen zog, war ich zutiefst befriedigt. Jeder Erfolg ließ mich ein bisschen mehr wagen, ließ mich etwas kreativer werden, noch williger zu experimentieren. Nein, ich stand nicht kurz davor, mir eine Kochmütze zu kaufen, mir fiel nur auf, dass ich das erste Mal seit langem wirklich stolz auf mich war.

Ich versuchte mir vorzustellen, wie es wäre, wenn Mark und ich ein richtiges Geschäft daraus machten. Wie es wäre zu wissen, dass unsere tagtägliche Arbeit nur dazu diente, das Leben von Kreaturen zu verschönern, die wir so sehr liebten – um erst gar nicht von den Menschen zu sprechen, die die Tiere sich zu ihrer Freude halten. Und überhaupt, wie schwer konnte es schon sein, eine Bäckerei zu gründen?

Am liebsten würde ich jetzt schreiben: »Von dem Tag an bündelten wir unsere ganze Energie, um den Traum in die Realität umzusetzen, und keine Sekunde haben wir uns von ihm abbringen lassen.« Aber die Wahrheit liest sich eher so: Von dem Tag an – und aus den Tagen wurden Wochen, aus den Wochen Monate – phantasierten wir wie die Bekloppten und verschoben den Start von einem Tag auf den nächsten.

Zu meiner Verteidigung muss ich sagen, dass Phantasie und Zaudern zu meinen stärker ausgeprägten Eigenschaften gehören. Über die Jahre habe ich sie erst zur Kunst, dann zur Wissenschaft gemacht, dann wieder zu einer Kunst. Doch wenn ich jetzt daran zurückdenke, wird mir deutlich, dass vieles von dem, was wir unsere Trockenübungen nannten, Forschung war. Zum einen wurden wir zu Experten für Hundefutter. Wir gingen in jeden Supermarkt und in jede Tierhandlung der Stadt, um uns die Zutaten aller Produkte gewissenhaft zu notieren. Wir entschlossen uns dazu, dreist und nicht heimlich zu Werke zu gehen, deswegen nahmen wir uns beide etwas zum Schreiben und liefen herum, als gehöre uns der Laden. Was uns sehr schnell zu stören begann, war die Anzahl der Zutaten, die keine

Lebensmittel im engeren Sinn waren. Auf allen Packungen machten sie über die Hälfte der Zutaten aus, und die meisten konnten wir noch nicht einmal aussprechen. Bisher hatte ich gedacht, dass wir Sarah und Dottie verwöhnten, indem wir ihnen die hausgemachten Leckereien zu fressen gaben, die Gracie wirklich brauchte, aber jetzt fühlte ich mich schuldig, weil wir sie all die Jahre mit diesem Konservenfraß abgefüttert hatten.

»Ich sehe ein, dass man Konservierungsstoffe braucht, wenn man Hundefutter in einem Bunker lagert«, sagte Mark eines Abends beim Essen, »aber wenn man sich die sonstigen Zutaten ansieht, sollten es doch ausschließlich Lebensmittel sein.« Er beugte sich zu Sarah und Dottie, in der Art eines Ausbildungsoffiziers: »Habe ich Recht, meine Damen?«

Sie bellten wie auf Verabredung und wedelten parallel mit ihren Schwänzen.

»Du hast das mit ihnen geübt, stimmt's?«

»Hey«, sagte er, die Handflächen nach oben gewandt, »der Kunde hat immer Recht.«

Einen Monat später sollten wir herausfinden, wie Recht der Kunde hat und wie Unrecht wir haben konnten.

Eines Freitagabends blieb ich zu Hause, um den Anschluss in der Serie »Ein Duke kommt selten allein« nicht ganz zu verpassen. Nebenher stopfte ich Gracie mit Leckereien voll. Sie war mit ihrem Kopf auf meinem Schoß eingedöst – wahrscheinlich wunderte sie sich, warum ich meine freie Hand nicht benutzte, um ihr mit einem Palmwedel Luft zuzufächeln, da platzte Mark herein und verkündete:

»Hundeschau im Johnson County. Morgen in vier Wochen!«

Wie sich herausstellte, war es keine richtige Hundeschau. Es war ein »Ereignis«, das vom ansässigen Sozialpsychiatrischen Dienst initiiert worden war, um den Leuten zu zeigen, wie viel die Gesellschaft von Tieren – vor allem von Hunden – zu ihrem psychischen Wohlergehen beitragen konnte (genau das, was die Pharmaindustrie nicht groß verbreitet wissen möchte). Freie Gruppen und Firmen konnten ihre Stände für eine »kleine« Spende von 50 Dollar aufstellen.

»Glaubst du, wir sind schon so weit?« Während ich sprach, zog mir Gracie vorsichtig einen Keks aus der Hand.

»Beantwortet das deine Frage?« meinte Mark und zeigte auf Gracie. »Wenn die mäkeligste Esserin im ganzen Hundereich deine Kekse liebt, dann machst du irgendwas richtig.«

Wir wechselten die Gangart. In den folgenden vier Wochen konnte man uns Abend für Abend sowie am Wochenende beim Backen antreffen. Nur dass wir jetzt systematisch wurden und ein Logbuch über die diversen Zutaten führten: Karotten, Rosinen, Knoblauch, Getreideflocken, Äpfel, Preiselbeeren, alles, was uns für den feinen Hundegaumen gesund und geeignet erschien. Zu jener Zeit hatten wir schon stundenlange Ferngespräche mit tierärztlichen Hochschulen geführt, in denen wir uns kundig gemacht hatten, welche Nahrungsmittel wir in unseren Küchlein verbacken konnten und welche wir lieber nicht verwenden sollten. Ursprünglich bestand unser Testmarkt nur aus drei Hunden, deren Profil von der heiklen Gracie bis zur

Wenn-es-aufhört-sich-zu-bewegen-dann-fresse-ich's-Dottie reichte. Bald hatte es sich aber in der Nachbarschaft herumgesprochen (diese Hunde konnten einfach kein Geheimnis für sich behalten). Gegen Ende der zweiten Woche kam fast täglich jemand ganz zufällig vorbei und wollte wissen, woher dieser wunderbare Geruch kam. In der dritten Woche klopften schon Leute an die Tür und fragten uns, ob wir ein neues Blech Kekse hätten, das ihre Hunde ausprobieren sollten. Und wir ermunterten sie – wir kauften ein paar Dutzend brauner Butterbrottüten und stempelten sie alle mit unserem neuen Gummistempel, auf dem KC-K9 stand und unsere Telefonnummer.

Eine Woche vor der Hundeschau waren wir nicht mehr hektisch, sondern panisch. Wir wollten Hundekuchen für insgesamt 1000 Dollar zu 2 Dollar das Pfund verkaufen. Es gab da nur einen Haken: das war logistisch unmöglich.

Das erste Problem bestand in unserem Ofen, der aus den 30er Jahren stammte und nur zwei Bleche zugleich fasste. Auf jedem Blech ließen sich knapp 2 Pfund Hundekuchen unterbringen, sie brauchten aber eine gute Stunde, was wiederum eine reine Backzeit von

150 bis 175 Stunden bedeutete, und die mussten wir an vier Wochenendtagen und zehn Abenden von 17:30 bis Mitternacht bewältigen. Nee. Geht nicht. Irgendwas musste gestrichen werden, irgendwas Entbehrliches. Schlaf. In der letzten Woche wechselten wir uns also ab, und an den Wochentagen schoben wir noch eine Extraschicht ein, dann blieb einer von uns bis zwei Uhr morgens auf, um am anderen Tag wie ein Zombie herumzulaufen, wenn der andere dran war, es ihm nachzutun. Zum Glück leistete Gracie mir bei meinen Mitternachtsschichten Gesellschaft – sie stieß mich an, wenn ich langsamer wurde, und kostete pflichtbewusst von jeder Fuhre.

Als der große Tag kam, waren wir bereit. Jedenfalls dachten wir das. Ich rekrutierte meine zehnjährige Nichte Maleah und meinen zwölfjährigen Neffen Michael, und sie stellten sich als ideale Angestellte heraus: Sie arbeiteten umsonst, unterhielten sich gut, unterhielten uns gut, und die Hunde taten alles, was sie sagten.

Maleah war ein angehendes Model, eine Schauspielerin und Fernsehjournalistin; Michael war so ein gutmütiges, ehrliches und fleißiges Kind, von dem die meisten Eltern nur träumen – wenn er vielleicht manchmal auch ein bisschen zu buchstabengetreu war, wie wir sehr bald herausfinden sollten.

Wir hatten einen guten Stand, ein farbenfrohes Schild, ein leckeres Produkt (vor allem, wenn man ein Hund war), lächelnde Gesichter, niedliche Kids, klasse Hunde und eine positive Grundhaltung: alles, was man bei einer solchen Veranstaltung braucht, um Erfolg zu haben. Deswegen waren wir auch nach einer

Stunde vollkommen konsterniert: Wir hatten nicht einen einzigen Hundekuchen verkauft.

»Okay«, sagte ich. »Vielleicht haben wir nicht den richtigen Ton getroffen. Michael, tu mir einen Gefallen. Du gehst über den Platz, du bist Hundebesitzer, du siehst das Schild KC-K9-BÄCKEREI – FRISCH GEBACKENE LECKEREIEN FÜR IHREN HUND! und du bist neugierig.«

»Okay. Und wer bist du?«

»Ich bin ich.«

»Aber ich kenne dich nicht.«

»Richtig.«

»Okay.« Michael entfernte sich ein paar Meter, dann kam er mit federnden Schritten auf uns zu.

»Hallo!« sagte ich. »Willkommen in der KC-K9-Bäckerei. Wir machen die besten Hundekuchen weit und breit.«

Michael strahlte. »Das hört sich gut an!«

Zwei Frauen, die in jeder Hand überquellende Stoffbeutel trugen, kamen auf uns zu. Ich lächelte immer noch und zischte durch die Zähne. »Sag nicht einfach nur ›gut‹! Stell mir ein paar Fragen und dann kauf eine Tüte!«

Michael erwiderte strahlend: »Aber Onkel Dan, ich habe nur fünf Dollar fürs ganze Wochenende!«

Ich merkte, wie mir die Augen hervorzuspringen drohten, trotz meines Lächelns. »Ich gebe es dir gleich wieder zurück, Michael. Es ist nur für eine Minute!«

Michael riss sich genau in dem Moment zusammen, in dem die Damen an unserem Tisch ankamen. »Nun, wissen Sie«, sagte er, »ich bin sicher, dass Ihre Hundekuchen gut sind, aber ich verstehe nicht, warum ich zwei Dollar für eine Tüte bezahlen soll, wenn alles andere hier umsonst zu haben ist.«

»Unsere Hundekuchen sind absolut frisch ge ..., wie bitte?«

Eine der Frauen mischte sich ein: »Der Junge hat Recht. Sie sind hier die Einzigen, die Geld haben wollen. Warum sollten wir etwas kaufen, wenn man alles andere umsonst bekommt.« Sie nahm ein Werbeblatt in die Hand, runzelte die Stirn und wandte sich an ihre Freundin. »Frische Kekse für Hunde. Und die erwarten, dass wir dafür bezahlen!« Die beiden gackerten wie Hennen und machten sich davon.

Ich drehte mich zu meinem Neffen um und fragte ihn höflich, mit einer kaum zu unterdrückenden Gefühlsaufwallung: »Wir sind die Einzigen, die Geld verlangen?«

Michael sah nervös aus: »Mh-mh.«

»Und du wusstest das?«

»Mh-mh.«

»Du konntest dir nicht denken, dass wir das auch wissen sollten?«

Michael wurde rot. »Wie sollte ich denn wissen, dass ihr das nicht wisst? Ich dachte, ihr seid geldgierig!«

»Geldgierig!«

»Hört mal, ihr beiden«, schaltete Mark sich jetzt ein, »es bleibt uns nichts anderes übrig, als die Hundekuchen zu verschenken und das Ganze als Investition anzusehen, okay? Also lasst uns ...« Schon standen die nächsten Kunden, eine große Brünette mit roter Sonnenbrille und ihr nicht ganz so großer Mann vor uns, der schon unter zwei Einkaufstüten mit Gratisproben schwitzte.

Sie nahm eine Tüte: »Zwei Dollar für eine Tüte?«

Michael sprang hoch: »Zwei Dollar ist unser üblicher Dauertiefpreis, aber heute sind sie gratis, und auf Sie, als Kundin, kommen garantiert keine weiteren Kosten zu.« Wir starrten ihn alle eine Sekunde lang an. »Stimmt's, Onkel Dan?«

»Äh, ja! Stimmt genau, nur heute, keine Kosten!« Mir kam es so vor, als hätte ich gerade in einer brechend vollen Kneipe gerufen: »Die Getränke gehn auf mich!«

In die Augen der Frau kam Leben: »Wenn das so ist, nehmen wir fünf!«

Ich schluckte: »Fünf?«

»Ja, eine für Nick und Nora, unsere Labradore, eine für Mamas Hund Fluffy, einen für Carolines kleinen Dackel Schnitzel – ach, der ist ja sooo niedlich!« Sie machte eine Pause: »Und, na ja, eine für Notfälle!«

Ich wollte gerade etwas sagen, kam aber gar nicht dazu.

»Das ist ja wunderbar!« Mark strahlte. »Hier, bitte sehr: eine, zwei, drei, vier und fünf. Und hier, noch eine, für Ihre Nachbarn und deren Hunde!« Er lächelte sie so freundlich an, dass mir nichts übrig blieb, als eine Tüte zu schnappen und ihnen beim Reinstopfen zu helfen.

»In Ordnung, Jungs, wir wollen euren Stand hier nicht in Beschlag nehmen. Wir sehen mal zu, dass wir weiterkommen. Tja, vielen Dank auch noch!«

»Das Vergnügen war ganz auf unserer Seite«, sagte Mark. »Rufen Sie uns an, wenn's alle ist!«

»Da können Sie sicher sein!« grunzte der Ehemann schwitzend unter den zusätzlichen Pfunden.

Wie sich herausstellte, war das schon unser größtes

»Geschäft« des Tages. In den nächsten vier Stunden standen wir in der mörderischen Hitze. Nur ein paar Dutzend Leute kamen an unseren Tisch. Die meisten warfen einen Blick auf unser Schild, lachten und gingen weiter. Es war ihnen noch nie in den Sinn gekommen, dass man Hundekuchen frisch backen konnte. Gegen Ende des Tages hatten wir niederschmetternde 23 von unseren 500 Tüten verschenkt.

Um sechs luden wir alles wieder auf den Lieferwagen, fuhren die Kids wortlos bei meiner Schwester vorbei und kamen schweigend zu Hause an. An dem Abend sprachen wir nicht über die Schau. Es war allzu offensichtlich: Das Unternehmen war ein Flop. Als ich an dem Abend mit Gracie ausging, zog sie spielerisch an der Leine und jagte den Glühwürmchen nach. Sie kriegte gar nichts mit. Es war ein Reinfall, und sie merkte es nicht mal. Oder wenn sie es merkte, war es ihr völlig egal.

Nach diesem Schwarzen Sonntag, an dem wir es noch nicht mal geschafft hatten, unsere Hundekuchen zu verschenken, hätte nichts als ein göttliches Zeichen unsere Laune heben können. Am Montagabend trafen wir zur selben Zeit von der Arbeit zu Hause ein. Wir begrüßten einander mit der Begeisterung, mit der Verurteilte ihre Henker begrüßen.

Sogar die Wiedersehensfreude der Mädchen hellte unsere Laune nicht auf.

Als ich ins Wohnzimmer ging, hörte ich Mark auf den Anrufbeantworter in der Küche drücken. Es folgte eine gedämpfte Stimme, dann ein lautes »OH!« Ich ließ mich aufs Sofa sinken, und Gracie setzte sich neben mich. Das heißt, sie näherte sich dem Sofa rückwärts und ließ ihren Rumpf darauf nieder, während ihre Vorderbeine noch standen. Alle Deutschen Doggen machen das, aber ich muss jedes Mal darüber lachen. Dann rutschte sie rüber, so dass wir Hüfte an Hüfte saßen, und seufzte. Ich seufzte auch. Eine weitere Nachricht, gefolgt von einem lauteren »OH!« Und noch eine.

»Hey, Dan, komm mal 'n Moment rüber.«

»Was ist denn?« brüllte ich zurück.

»Nun komm schon!«

Ich hievte mich von der Couch und schleppte meine müden Knochen in die Küche. Wenigstens mussten wir heute Abend nicht backen.

»Na, was ist?«

Mark deutete auf den Anrufbeantworter. In seinen Augen funkte und blitzte es. »Hör doch mal!«

»... wie wir mehr davon bekommen können, weil wir fast keine mehr haben. Können Sie uns bitte anrufen ...«

Jetzt deutete ich auf den Anrufbeantworter: »War das ...«

Mark sprang in die Luft: »Yipee! Yipee!«

»Wollten die ...?«

»Jap! Ja genau. Genau das wollten sie. Genau wie die beiden davor!«

»Ist das dein Ernst?«

»Ja, das ist mein Ernst!«

Nun tanzten wir beide durch die Küche wie ein Paar

tapsiger Fred Astaires. Sarah und Dottie rasten rein, um mitzumachen, und legten fast einen irischen Tanz hin. Der AB lief immer noch, im Ganzen waren es fünf Anrufe, fünf Anfragen nach mehr. Es waren nur fünf, aber wir waren im Geschäft! Plötzlich fiel mir auf, dass etwas fehlte: Gracie! Sie war auf dem Sofa eingeschlafen. Vergessen Sie den alten Hut, dass man schlafende Hunde nicht wecken soll. Ich rieb ihr den Rücken, bis sie ihren Kopf hob und mich ableckte, und ich lockte sie in die Küche. Es wäre sonst kein richtiges Fest, wenn ich nicht mit meinem besten Mädchen tanzen konnte.

Es ist leicht, sich sein Leben anzusehen und den Tag, sogar den Moment auszumachen, zu dem man sagt: »Und von da an wurde alles anders.« Meistens meinen wir damit ein ganz bestimmtes »Alles« – alles in einer Beziehung, in einem Job oder einem Projekt. Aber für uns – Mark und mich, Gracie, Dottie und Sarah – änderte sich fast alles in unserem Leben, in dem Moment, als wir die fünf Bestellungen erhielten. Das Spürbarste war vielleicht unsere Vorstellung von Zeit und wie wir damit umgingen. Auch wenn wir jede freie Minute vor der Schau mit Backen verbracht hatten, so wäre es uns doch nie in den Sinn gekommen, dass es dabei bleiben sollte: in der nächsten Woche, im nächsten Monat, in den nächsten vier Jahren. Nach dem langen frustrierenden Tag auf der Hundeschau hatten wir einfach angenommen, dass wir ein Weilchen niedergeschlagen wären und unser normales Leben danach wieder aufnehmen würden.

Das taten wir nicht. Die nächsten vier Jahre hatten wir kein Privatleben, überhaupt keines, und als es schließlich wieder möglich war, konnten wir unser altes Leben nicht wieder zurückbekommen. Vielleicht waren wir mit unserem alten Leben beide unzufrieden gewesen, solange wir noch drinsteckten, aber es hat so etwas Bittersüßes, wenn man sich ansieht, wo man mal war, und genau weiß, dass man nie wieder dahin zurück kann.

Aber daran dachte ich nicht zu jener Zeit. Ich dachte: *Wenn wir etwas härter arbeiten oder effizienter, dann schaffen wir es. Dann geht es in Ordnung.*

Wir hatten unsere Mittagspausen damit verbracht, Proben in allen Tierarztpraxen und Zoohandlungen zu verteilen, die wir finden konnten, und wir machten wirkliche Fortschritte: Erst hatten wir ein halbes Dutzend regelmäßiger Kunden, Leute mit einer wöchentlichen Bestellung, dann elf, dann 22 … Schließlich hatten wir so viele Kunden, dass wir sie nicht mehr alle bedienen konnten, auch wenn wir rund um die Uhr in unserer Küche gebacken hätten. Mark rettete uns, indem er eine Pizzeria fand, die dicht machte, und den riesigen industriellen Ofen vom Fleck weg kaufte. Das verschlang unsere gesamten Ersparnisse, aber es verdreifachte unsere Produktivität.

Ein paar Monate später saßen wir im Esszimmer, das inzwischen zu unserem Pack- und Distributionszentrum avanciert war, und gingen durch unsere Kontenbücher. Das heißt, Mark prüfte die Zahlen und ich wartete geduldig darauf, dass er mir erklärte, wo wir standen. Ich hatte angenommen, dass alles immer besser wurde, aber er hatte die Augenbrauen so streng zusammengezogen, dass ich Angst vor den entsetzlichen Neuigkeiten bekam, die sich wohl tief unter den Zahlen verbergen mussten. Gracie war an meiner Seite, und wir beugten uns beide immer weiter nach vorne. Die Spannung brachte uns fast um.

»Was ist denn?«

Er holte tief Luft. »Nun, wir sind in einer komischen Lage. Einerseits geht es uns gut. Wir haben dreimal so viele regelmäßige Bestellungen wie noch vor zwei Monaten.«

»Super!«

Mark nickte: »Das ist super. Aber es gibt ein Problem. Wir können sie nicht abarbeiten, es sei denn, wir hören auf zu schlafen.«

Ich dachte an die vergangenen Wochen. Wir konnten diese Art von Zeitplanung nicht ewig durchhalten. »Hm, gibt es eine andere Möglichkeit?«

»Ja. Einer von uns schmeißt seinen Job.«

Ich sprang hoch. »Das mache ich! Ich kündige morgen! Ich bin bereit für dieses ultimative Opfer!« Ich konnte es nicht glauben – der Tag war gekommen.

Mark grinste. »Oh, du armer Märtyrer. Tut mir Leid, Heiliger Dan, bedauerlicherweise geht das nicht.«

Ich setzte mich. »Warum nicht?«

»Mach mal deine Matheaufgaben! Du verdienst im Jahr 6000 mehr als ich, netto. Das sind Monat für Monat 500 mehr, bar auf die Hand. Verstehst du?«

Mein Herz sank. Ich hatte verstanden. Wenn einer von uns den Job schmiss, dann derjenige mit dem niedrigeren Gehalt. Es war abgemacht. Unsere Hundebäckerei hatte jetzt einen Angestellten, Mark, und er bekam keinen Lohn.

Sowie unsere Bäckerei den Verlust von Marks Einnahmen ausgleichen und unsere monatlichen Ausgaben einbringen musste, schafften wir es nur noch ganz knapp. Mark rührte den Teig an, rollte ihn aus, stach die Küchlein aus und backte von 8 Uhr morgens bis um Mitternacht, sieben Tage die Woche. Ich kam gegen fünf oder sechs vom Büro nach Hause und arbeitete bis Mitternacht, und am Wochenende zog ich die gleiche 16-Stunden-Schicht durch wie Mark. Die einzige »Pause«, die wir uns gönnten, war sonnabends, wenn wir abwechselnd Vorräte einkauften und unsere wöchentlichen Päckchen auslieferten. Trotz dieses mörderischen Stundenplans gab es viele Monate, in denen wir Gas- und Stromrechnungen zugunsten unserer Hypothekenzahlungen vernachlässigten, nur um im nächsten Monat die Rate fürs Haus hinter die für die Stadtwerke zurückzustellen, damit sie uns den Hahn nicht abdrehten.

Den Mädchen konnte das keine Angst machen. Wenn

überhaupt, so freuten sie sich über Marks Anwesenheit rund um die Uhr und ihre neue Kost, die sie gefährlich nah an die Ermattung trieb. Eines Sonntagabends fraß Dottie sich fast bis zur Bewusstlosigkeit voll, dann rollte sie sich neben dem Tisch zusammen, an dem ich Karotten schnippelte, um ein Nickerchen zu machen. Beim Schneiden rutschte mir eine Karottenscheibe vom Brett, die wie ein betrunkener Seemann von der Tischkante eierte und direkt auf Dotties gesprenkelte Schnauze fiel. Ohne die Augen zu öffnen, ohne auch nur den Kopf vom Boden zu heben, legte sie den Kopf zur Seite und ließ die Karottenscheibe in ihr Maul rollen. Sie kaute, schluckte und schlief weiter.

Vielleicht waren die Mädchen im Hundekuchenhimmel, wir waren jedenfalls in der Hundekuchenhölle. Im selben Haus zu backen und zu wohnen, forderte langsam, aber sicher einen Tribut von unserer geistigen Gesundheit. Als ich eines Tages nach Hause kam, war Mark mit den Mädchen ausgegangen. Ich sah mich um. Jemand hatte die folgenden Worte in den Mehlstaub auf dem Esstisch geschrieben: »SUCHE NACH RÄUMEN. KOMME BALD WIEDER.«

Mark fand einen kleinen leer stehenden Imbiss auf der Thirty-Third Street für 300 Dollar im Monat. Wir dankten unseren Glücksbringern, den Hunden, und zogen ein. Wir hatten eine eigene Bäckerei, unser Produkt war in den meisten Tierarztpraxen und in allen Tierfutterläden in Kansas City zu haben, und Monat für Monat wuchs unser Kundenstamm.

An einem Donnerstagabend gegen zehn klopfte es an der Tür der Bäckerei. Wir tauschten einen schnellen Blick aus. Ich ließ Mark an die Tür gehen.

»Hallo, guten Abend. Ich gehe hier jeden Morgen um sieben und jeden Abend um elf mit meinem Hund vorbei, und Sie haben immer geschlossen. Heute war ich mal früher zu Hause, aber Sie haben wohl schon geschlossen, oder?« Es war ein älterer Herr in Jeans und Sweatshirt mit einer wunderschönen Mischlingshündin aus Schäferhund und Husky, die dieselben blauen Augen wie Gracie hatte. Sie hieß Saphir wegen der umwerfenden Farbe. Sowie die Mädchen sie rochen, sprangen sie auf und rannten herüber, um ihr hallo zu sagen.

Während sich die Hunde miteinander bekannt machten, sah Mark mich fragend an. Ich signalisierte ihm schulterzuckend ein »Warum nicht?« zurück. Im Improvisieren wie immer brillant.

»Hm, na ja, genau genommen haben wir schon geschlossen, aber warum kommen Sie denn nicht herein?« Das war eine freundliche Einladung, nur ein bisschen überflüssig, da Saphir den Mann schon in den Laden gezerrt und sich mitten in eine Schnupperarie gestürzt hatte, erst mit Gracie, dann mit Sarah, schließlich mit Dottie.

Er sah sich kurz um, dann guckte er uns etwas konsterniert an. »Wissen Sie, ich will Ihnen ja nicht zu nahe treten, aber wo sind denn die Waren?« Da wir nicht an Laufkundschaft verkauften, hatten wir auch keine Ladeneinrichtung. Ich schnappte mir ein großes Blech und legte eine Auswahl unserer Hundekuchen drauf. Wir hatten unser Kekssortiment erweitert. Inzwischen gab es die Geschmacksrichtungen Johannisbrotchip, Rosinen-Haferflocken, Kokos-Mandel, Honig-Getreideflocken, Erdnussbutter und die sehr gut gehende Gemüsefrikadelle (leckerer, als es sich anhört – ich meine nach dem, was mir so zugetragen wurde).

Ich reichte Saphir ein Keks und sie schnappte es sich sofort. Ihr menschlicher Begleiter nahm eins und roch daran. »Das ist ja frisch!«

Wir nickten. »Das ist die Idee dahinter«, sagte Mark. Wir erläuterten ihm unsere Aufgabe, die besten Hundekuchen der ganzen Welt zu backen. Wir redeten eine Weile darüber, wie schwer es war, Hundefutter zu finden, das man seinem Hund wirklich gerne gab, und er kaufte eine 2-Pfund-Probierpackung. Das war unserer erster Ladenkunde.

Mark schloss die Tür und drehte sich grinsend nach mir um.

»Einzelhandel«, sagte ich und grinste zurück. Ich sprach mit den Hunden. »Was haltet ihr davon, Mädchen? Sind wir bereit?«

Sarah und Dottie wedelten zustimmend, und einen Moment später kam Gracies Einsatz.

Wenn es nur so einfach gewesen wäre! Als Erstes brauchten wir Präsentationsflächen. Wie es der Zufall so wollte, arbeitete mein Bruder Tim gerade an einer Supermarkterneuerung und warf Teile der Bäckereieinrichtung raus, ob wir vielleicht etwas brauchen konnten? Das konnten wir! Geputzt und ausgebessert sahen die Teile fast so gut aus wie … na ja, für eine alte Bäckereieinrichtung sahen sie noch ziemlich okay aus.

»Alles, was wir jetzt noch brauchen«, sagte ich, »ist ein Schild, das man auch von der anderen Straßenseite gut lesen kann, damit die Laufkundschaft auf uns aufmerksam wird.« Wir investierten den Profit des vergangenen Monats in ein großes Schild, das wir von der Hauptstraße gut sichtbar an die Seite des Gebäudes anbrachten.

Und so erfuhren wir den Grund, warum der Imbiss dichtgemacht hatte.

Am Sonnabend hatten wir das Schild aufgehängt. In der folgenden Woche muss ich Mark etwa sieben bis acht Mal täglich angerufen haben.

»War jemand da?«

»Noch nicht.«

»Hm. Okay. Ruf mich an, wenn der Erste aufgetaucht ist.«

Eine Stunde später: »War jetzt jemand da?«

»Nee. Ich hab dir doch gesagt, ich lass' es dich wissen.«

»Ich weiß, aber es ist Mittagszeit und da dachte ich, du kannst vielleicht nicht anrufen, weil zu viele Leute im Laden sind.«

»Dan? Hunde essen nichts zu Mittag.«

Wie sich herausstellte, kaufen die meisten Leute kein Hundefutter auf dem Weg zur Arbeit und leider auch nicht auf dem Weg von der Arbeit. Sie kennen vielleicht den Spruch über die drei wesentlichen Grundlagen eines Ladens: »Lage, Lage, Lage.« Wir kannten ihn auch – aber jetzt verstanden wir ihn.

Ein Gutes hatte es, dass wir so wenig Kunden hatten. Diejenigen, die kamen, wurden zu festen Kunden und wir konnten sie persönlich mit Namen anreden. Es war

Gracies Job, sie an der Tür zu begrüßen und zur Theke zu geleiten. Da begannen wir langsam zu bemerken, dass außer den Kuchen Gracies Wesen unser wesentlicher Pluspunkt war. Die Leute sagten alle: »Wenn ihr euch eine andere Lage suchen würdet, wo es Laufkundschaft gibt, dann würden sie euch die Bude einrennen.« Darauf antworteten wir stereotyp: »Klar. Machen wir. Eines Tages.«

»Eines Tages« war offensichtlich im Kalender eingetragen, wenn auch nicht in unserem. An einem wunderschönen Sonntagmorgen im April geschah etwas Unvorhergesehenes: Wir hatten alle unsere Aufträge erledigt. Wir waren seit zwei Jahren im Geschäft und hatten keinen einzigen freien Tag gehabt (ohne Witz, weder Weihnachten noch Neujahr und auch sonst keinen!), und zum ersten Mal seit der Hundeschau hatten wir alle unsere Bestellungen abgearbeitet. Und da der Laden nur von Montag bis Sonnabend geöffnet war …

Ich sah Mark an. »Soll das heißen, dass wir den Rest des Tages frei haben?«

Er blinzelte: »Ich … ich glaube, das heißt es!«

»Dann nichts wie weg hier!«

Ohne die Mädchen auch nur um ihre Meinung zu fragen, schubsten wir sie aus dem Laden, luden sie auf den Rücksitz des Lieferwagens und schon waren auf dem Weg zum wunderschönen Weston, Missouri!

Ich bin gerne bereit, Ihnen zu glauben, dass Weston, Missouri, nicht der allererste Ort der Welt ist, an den Sie denken, wenn Sie mal rauskommen wollen, aber ich verbürge mich dafür, dass er, wenn schon nicht ganz oben auf Ihrer Liste, so doch an fünfter oder sechster Stelle (gleich hinter Cancun, Paris, Aruba, der Riviera und dem Cap d'Antibes, wo immer das auch sein mag) stehen sollte. Oder vielleicht ist es auch nur so eine Kansas-City-Sache. Es ist die Stadt, die Kansas City geworden wäre, wenn es die große Flut von 55 nicht gegeben hätte (ich spreche von 1855!), die den Missouri in ein anderes Bett leitete, so dass das schläfrige Stauwasser-Örtchen Possum Trot der Ort wurde, wo alles neu war, während die Wassermassen die ehemals geschäftige Flussstadt Weston mitten im tiefsten Matsch zurückließ. Die meisten Westoner waren darüber allerdings froh, denn so blieb die Zeit in dem hübschen Städtchen stehen. Unter der Woche ist es dort ruhig, freundlich und friedlich und am Wochenende voller Leben. Wir parkten den Lieferwagen und leinten die Mädchen an, in der Hoffnung, dass Weston eine hundefreundliche Stadt war. Wir hätten uns keine Sorgen zu machen brauchen.

Als wir nämlich auf die Hauptstraße kamen, fiel uns auf, dass es dort unheimlich viele Hunde gab, die alle ziemlich glücklich aussahen. Mark und ich sahen uns an. Wir spazierten ein paar Stunden auf und ab, sahen uns die Schaufenster an – wir konnten es uns nicht leisten, irgendwas zu kaufen, selbst wenn die Mädchen nicht dabei gewesen wären – und tankten die positive Energie. Schließlich legten wir an der Weston-Bäckerei eine Pause ein. Wir kauften ein paar Kekse für uns, setzten uns draußen hin, fütterten die Hunde mit mitgebrachten Hundekuchen und sahen uns die Leute an.

»Ein Ort wie dieser wäre perfekt.« Mark machte auf Spion – er sah geradeaus und sprach, fast ohne die Lippen zu bewegen.

Ich versuchte dasselbe. »Musst du mir nicht sagen. Aber die Mieten hier sind wahrscheinlich astronomisch.«

»Wahrscheinlich. Gibt nur einen Weg, das rauszufinden.«

»Meinst du …«

»Guck mal«, er deutete die Straße hinunter. »Guck mal, da ist ein Makler.«

Die Frau legte gerade den Hörer auf, als wir eintraten. »Ja, mache ich. In Ordnung. Tschüss. Hallo«, sagte sie, als sie uns bemerkte. »Was kann ich für Sie …« dann, als sie die Mädchen sah, »… alle tun?«

»Wir suchen Geschäftsräume für eine Bäckerei«, sagte ich. Ich versuchte es mit so einem zuversichtlichen Lächeln, das man bestimmt nicht von jemandem erwarten würde, der eine, oh, eine Bäckerei für Hunde eröffnen wollte!

Der Maklerin blieb der Mund offen stehen, nur ein wenig, aber gerade genug, um aufzufallen. »Das ist ja merkwürdig«, sagte sie.« Ich habe gerade eben mit dem Vermieter der Weston-Bäckerei telefoniert. Kennen Sie die Bäckerei, die Straße hier hoch?«

»Oh ja.«

»Der Mieter zieht zum Ersten des kommenden Monats aus. Der Vermieter hat mich gebeten, Augen und Ohren offen zu halten. Ich habe ihm gesagt, es könnte ein Weilchen dauern.« Ihr Lächeln hatte leichte Schlagseite. »Vielleicht hatte ich Unrecht.«

Ich wollte gerade in ein Freudengebrüll ausbrechen, als mir Mark das Warte-doch-noch-mal-Zeichen gab. »Wissen Sie, wie hoch die Miete ist?«

»Sie lag bei 300 Dollar, aber jetzt wollen sie 325, wenn sie es kriegen können. Wäre das für Sie in Ordnung?«

Mark und ich plusterten uns auf wie die jüngste Generation Rockefellers.

»Absolut!«

»Kein Problem!«

Und so mieteten wir unseren ersten richtigen Laden an.

Vielleicht denken Sie jetzt: »Ach nee, so ein Zufall.« Ich möchte Ihnen jedoch persönlich versichern, dass jeder einzelne Zufall, von dem auf diesen Seiten die Rede war, beim Bundesamt für Zufälle, Segen und Wunder aktenkundig ist. Sie können es selbst nachsehen, dank des Rechtes auf Zufallsinformationsfreiheit.

Bell leise, bell tief

Der erste Tag in der neuen Bäckerei lief unheimlich gut. Trotzdem spürte ich noch lange jeden Morgen meinen Magen, wenn ich rüberfuhr. *Wird der Tag heute so gut wie der erste Tag, und wenn nicht, heißt das dann, dass wir gescheitert sind, und wenn wir gescheitert sind …?*

Dann sah ich immer zu Gracie, die ihren großen Kopf mit hängender Zunge aus dem Fenster hielt, aufgeregt, am Leben zu sein und bereit für den anbrechenden Tag, und dann legte sich meine Nervosität langsam. Wenn ich arbeitete, verschwand sie ganz – bis zum nächsten Morgen. Eines Tages erzählte ich Mark davon, als Gracie die Nase in den Wind hielt und die Ohren wie Bettlaken auf der Leine flattern ließ.

»Natürlich«, sagte er. »Sie weiß, dass sie alles hat, was sie für einen guten Tag braucht: Fressen, Freunde und Arbeit.«

Ich nickte, nahezu überzeugt. »Ich müsste wahrscheinlich etwas mehr an die Vorhersehung glauben. Oder an die Hundekuchenfee.«

Aber Gracies Verfassung hatte noch nicht ganz auf mich abgefärbt. Das geschah, als eines schönen Sonntagmorgens eine Frau mit ihrem Sohn und einem Scotch Terrier in den Laden in Weston kam. Mark war hinten mit den Mädchen, deswegen begrüßte ich sie alle mit einem großen Hallo. Die Mutter hallote zurück, aber der Junge, vielleicht acht oder neun Jahre alt, sah sich nur im Laden um. Das ist eigentlich ganz normal. Über die Jahre ist uns aufgefallen, dass Kids ziemlich schüchtern sein können, auch wenn sie meistens auftauen, wenn eins der Mädchen angerannt kommt. Aber an dem Jungen war irgendwas anders, und als seine Mutter zu ihm ging und ihm auf die Schulter klopfte, damit er auf sie aufmerksam wurde, war klar, was es war: er war taub.

Mit einer wunderbaren Energie machten sie sich lebhaft Zeichen. Augenblicklich stand mir ein Bild von mir und meinem besten Kindheitsfreund David vor

Augen, wie wir vor seinem Haus auf dem Bürgersteig saßen und uns die Faxenköpfe vor lauter Zeichenmachen nur so rauschten. Damals müssen wir ungefähr so alt gewesen sein wie dieser Junge jetzt. Ich ging zu ihm hinüber und hoffte, dass der Rost auf meiner amerikanischen Zeichensprache nur die Oberfläche angegriffen hatte.

Hi, signalisierte ich. *Bist du das erste Mal hier in unserem Laden?*

Sie sahen beide eine Sekunde lang überrascht aus, und dann machten sie zur selben Zeit Zeichen.

Ich habe in der Zeitung..., begann die Mutter.

Wo ist Gracie? fragte der Junge.

Du weißt, was mit Gracie ist?

Meine Mutter hat es mir gesagt.

Ich habe es in der Zeitung ... »Smitty, kommst du da raus!« unterbrach sie die Zeichensprache, um den Scotch Terrier davon abzuhalten, sich Hals über Kopf in einen Kekstrog zu stürzen. *Tut mir Leid!*

Kein Problem, sagte ich. *Deswegen backen wir immer etwas mehr.* Ich wandte mich wieder an den Jungen und sagte: *Ich bin Dan. Wie heißt du?*

Gary. Er sah seine Mutter an. *Du hast gesagt, die Hunde arbeiten auch im Laden!*

Oh, worauf du dich verlassen kannst, sagte ich. *Im Moment sind sie gerade hinten und helfen meinem Partner beim Backen. Möchtest du ...*

Bevor ich den Satz beenden konnte, stubste mich eine gewisse weiße Schnauze, unter einem Paar himmelblauer Augen, in den Arm.

Gracie!

Sie ist wunderschön, sagte Garys Mutter.

Bitte, sagte ich, *das steigt ihr noch zu Kopf.*

Oh, sagte sie lachend. *Versteht sie amerikanische Zeichensprache?*

Ich erzählte ihnen von unseren ersten Versuchen, mit Gracie zu kommunizieren, und wie ich mich von meinen brillanten Ideen über amerikanische Hundezeichensprache zugunsten von einem halben Dutzend Ganzkörpergesten verabschieden musste, die Gracie auch aus einiger Entfernung verstehen konnte. Wir unterhielten uns gut. Plötzlich bemerkte ich, dass Gary im Schneidersitz auf dem Boden saß, Smitty in seinem Schoß und Gracie ihm mit ihrer ellenlangen Zunge das Gesicht wusch. Ich war überrascht, dass Gary lachte. Und dann auch noch laut!

»Er spricht nicht gern«, sagte Garys Mutter und signalisierte ihre Worte parallel. Sie wollte wohl nicht, dass er den Eindruck bekam, dass wir ihn aus der Unterhaltung ausschließen wollten, aber er beachtete uns nicht im Geringsten. Er entdeckte gerade, dass sich Zuneigung manchmal durch Ablecken ausdrückt. »Aber es macht ihm Spaß, Hunden was vorzusingen, es ist so eine Art Gurren.«

Gerade als sie das gesagt hatte, stand Gary auf und legte seinen Kopf auf Gracies Nacken. Er gab einen sanften »oooo«-Ton von sich und streichelte dabei ihren großen Kopf. Wirklich merkwürdig wurde es, als Gracie damit begann, einen ihrer spezifischen Töne von sich zu geben, ähnlich dem Bariton einer muhenden Kuh. Ich fragte mich, ob ihr Ton – den sie spüren, aber nicht hören konnte – vielleicht eine unmittelbare Antwort auf Garys Ton war – den er spüren, aber nicht hören konnte.

Wie Sie inzwischen wahrscheinlich schon herausgefunden haben, konnte man Gracie nicht gerade als zurückhaltend bezeichnen. Während sie auch kein überdreht freundlicher Hund war, wie so manch eine Schlampe in Hundegestalt, die ich hier erwähnen könnte, schloss sie fast alle Menschen, die sie kennen lernte, ins Herz. Sie schien einen Radar für das Gute im Menschen zu haben – selbst bei Menschen, an denen ich gar nichts Gutes finden konnte – und schoss sich genau darauf ein. Und sie zögerte nie, ihren Gefühlen freien Lauf zu lassen. Aber zwischen Gary und ihr geschah noch etwas anderes.

Er ooote, sie muuuhte, und jetzt sahen sie einander mit einer Wärme in die Augen, die sonst nur Liebende füreinander empfinden. Gary streichelte Gracies Nacken, und sie hatte den Kopf leicht zur Seite gelegt, als höre sie seinem Gesang zu, während sie den ihren sang, oder als sängen sie in Eintracht. Es kam mir vor, als verbände sie eine Beziehung in ihrer geteilten Stille – was war für eine Musik in den Untertönen, die sie von sich gaben! –, die Gracie nie mit Mark oder mir haben könnte. Aber ich war nicht eifersüchtig. Ich empfand Ehrfurcht und Dankbarkeit, dass Wesen miteinander in Stimmen sprechen, die sie nicht zu hören vermögen, und dass sie die sie umhüllende Stille durchbrechen können. Gnade ist es, die das ermöglicht.

»Gracie.« Ich wäre fast zusammengezuckt. Garys Mutter stand neben mir und sah den beiden zu. »Das ist ein guter Name für sie.« Ich sah ihr in die feuchten Augen und sie lächelte. Es war ein wunderschönes Lächeln auf einem Gesicht, von dem ich annahm, dass es schon mehr als eine Träne gespürt hatte.

»Ja.« Ich nickte und sah mir an, wie Gracie ihre Schnauze in Garys Ohr drückte.

Garys Mutter lachte. »Sie erzählt ihm ein Geheimnis.«

Ich lächelte und nickte wieder. Was für ein Geheimnis konnte das sein? In dem Moment, in dem sich mir diese Frage stellte, hatte ich es auch schon. Es war dasselbe Geheimnis, das Gracie mir durch jede ihrer Handlungen vermittelt hatte, von dem Tag an, an dem wir uns begegnet waren, an allen Tagen der Geschäftseuphorie, des Ringens um Aufrechterhaltung unserer Bäckerei, der harten Arbeit, der andauernden Sorgen. Ein stilles Geheimnis, das so klar wie eine Glocke klang, wenn ich nur zuhörte: *Du bist vollständig. Dir fehlt nichts. Du hast alles, was du brauchst. Du bist gut.*

Gracies Sternstunde

Manche Leute kommen mit Ruhm nicht gut klar. Die Schmeicheleien und Aufmerksamkeiten steigen ihnen zu Kopf, sie werden wie Babys und denken, die ganze Welt drehe sich nur um sie. Ganz bestimmt würde es mir so gehen, wenn mich irgendwer lang genug verwöhnte.

Gracie ging es nicht so. Ihr Aufstieg zu nationaler Berühmtheit glich dem Wachstum des Geschäfts, das sie ins Leben gerufen hatte. Unsere Werbung bekamen wir gratis, meistens durch Zeitungsleute, die Gracie gerne fotografierten und die Idee frischer und biologisch-dynamischer Nahrung für Hunde ziemlich witzig fanden. Es kam so weit, dass ich zusammen mit Gracie kaum die Hauptstraße von Kansas City hinunterlaufen konnte, ohne von Hunden und Menschen gleichermaßen wahrgenommen und begrüßt zu werden. Ich fühlte mich wie eine Berühmtheit, jedenfalls in Kansas City.

Dann, gegen Ende des vierten Geschäftsjahres, veröffentlichte das *Wall Street Journal* einen Bericht über uns. Die Three Dog Bakery schaltete in den zweiten Gang, und damit wuchsen Gracies Zuständigkeitsbereiche als Begrüßerin, Beschnüfflerin und Sprecherin der Hunde (jedenfalls den anderen Hunden gegenüber). Unser Versandhandel blähte sich sehr schnell auf das Zehnfache auf. Das Magazin *Entrepreneur* brachte einen Artikel über uns in ihrer Reihe *Unwahrscheinliche Erfolgsgeschichten*, und dann – Wunder aller Wunder – lud uns Oprah Winfrey persönlich in ihre Show ein! In der Sendung hielt sie ein Keks in die Luft, roch daran, zählte die Zutaten auf und biss ab. Diesen Moment werde ich nie vergessen. Erstens, weil nur Oprah ein solches Selbstbewusstsein haben kann, Hundekuchen vor einem Millionenpublikum zu kosten, ohne sich Sorgen zu machen, was die Leute davon halten, aber zweitens, und noch wichtiger, weil Oprah all den Hundebesitzern unser grundlegendes Prinzip demonstrierte: Wenn es für uns nicht gut genug ist, dann ist es auch nicht gut genug für unseren Hund.

Leider wurden wir vor unserem Auftritt bei Oprah nicht so rechtzeitig benachrichtigt, dass wir die Hunde mitbringen konnten, deswegen musste das Publikum Gracie, Sarah und Dottie über den Satelliten kennen lernen. Doch seit sie in der Show zu sehen gewesen waren, bekamen die Mädchen noch mehr Aufmerksamkeit. Jetzt schrieb man in allen Zeitschriften und Zeitungen in ganz Amerika über uns. Das waren eine Menge Interviews, auf die die Mädchen sehr unterschiedlich reagierten. Sarah und Dottie machten sich rar, entweder weil sie plötzlich entdeckt hatten, dass sie schüchtern waren (nicht sehr wahrscheinlich), oder weil sie ihren Ruf nicht durch Kontakte mit »den Medien« ruinieren wollten (sehr viel wahrscheinlicher). Gracie schien die Aufmerksamkeit jedoch zu gefallen. Sowie sie sah, dass ein Mikrophon in meine Richtung gehalten wurde, heftete sie sich an meine Seite. Zehn

Minuten lang hielt sie sich dann vornehm zurück, aber danach ließ sie ein einziges kehliges »Woof!« hören, um den freundlichen Reporter wissen zu lassen, dass wir genug hatten: *Okay, Leute, noch eine Frage, und das war's!* Deswegen war ich auch etwas nervös, als wir zusammen mit den Hunden eingeladen wurden, in einer bestimmten Talkshow eines enorm witzigen Typen in einem enorm großen Sender zu erscheinen.

In all den Jahren war Gracie für uns ein wunderbarer Werbehund gewesen, aber sie war immer noch eine Anfängerin, was das Fernsehen anging. *Okay*, dachte ich, *ich bin schon so ein erfahrener Seemann, ich kann ihr die wichtigsten Handgriffe zeigen.* Ich stellte mir vor, wie ich ihr, Sarah und Dottie die Benimmregeln des grünen Raums erklärte (»Hier gibt es unheimlich viel zu essen, und es schmeckt auch sehr gut, aber versucht bitte, nicht alles aufzufressen – oh, und ihr dürft dabei wirklich nicht euer ganzes Gesicht in die Näpfe stecken. Die anderen Gäste sehen das nicht gern.«), ihnen zeigte, wo man das Mikrofon anbrachte, damit man es kaum sah (»Ich trage es am liebsten unterm Kragen.«), und ihnen erklärte, dass Pancake-Make-up – trotz seines Namens, Aussehens und Geruchs – tatsächlich nicht essbar ist. Dann fiel mir plötzlich etwas ziemlich Wichtiges ein.

»Mark? Wie wollten wir eigentlich die Mädchen nach New York schaffen?«

Wir waren noch nie weiter als bis ins Nachbarcounty mit ihnen gefahren. Sie für Stunden als Frachtgut in einem Flugzeug einzupferchen, kam nicht in Frage, und der Rücksitz eines Lieferwagens ist auch nicht gerade für lange Strecken gemacht worden. Zum Glück gab es da ja noch meinen Neffen Michael (der die Highschool inzwischen fertig hatte und für uns arbeitete): »Hey, wie wär's mit einem Minivan? Wir fahren!«

Und wir fuhren, wenn ich auch zugeben muss, dass mich der Gedanke, mit meinem 19-jährigen Neffen, einem Mark Beckloff und zusammengenommen fast 300 Pfund Hunden durch sieben Staaten zu fahren, etwas beunruhigte. Ich überließ Michael die Logistik und hoffte, dass Gott auf unserer Seite war.

Im Großen und Ganzen war er das auch. Aber ich kann mir nicht helfen, er hat sich ein paar Scherze auf unsere Kosten erlaubt.

Am ersten Tag verschluckte Dottie mein Portemonnaie mit den Kreditkarten, so mussten wir alle benötigten Treibstoffe in bar bezahlen. Glücklicherweise war Michael aus der Pubertät mit einer bemerkenswerten Ähnlichkeit mit Prince William hervorgegangen, das brachte uns schnellen Service und literweise Kaffeenachschub von gurrenden jungen Kellnerinnen in den Schnellrestaurants an der Straße.

Am zweiten Tag bemerkten wir, wie ähnlich sich alles sieht, wenn man auf den großen Bundesstraßen durchs Land fährt. (»Oh, sieh mal, noch ein McDonalds. Hey, ich glaube, dieser hat goldene Bögen.«) Wir entdeckten auch Sarahs Affinität zu Vögeln. Warum sollte sie sonst jedes Kissen auseinander reißen, das die Leute uns im Motel gegeben hatten, wenn nicht auf der Suche nach Federn?

Am dritten Tag entschied Gracie, dass drei Tage Überlandfahrt zu viel des Guten waren. Ich war ganz ihrer Meinung, nur einer von uns beiden versuchte jedoch, ein Loch in den Boden des Minivans zu kratzen. (»Three Dog Bakery präsentiert ... William Holden und Grace Dogge in ... *Flucht aus dem Minivan*!«) Wir erwischten sie, bevor sie sich durchs Metall gearbeitet hatte, aber eine Decke und die Gummimatte darunter hatten dran glauben müssen. Ich war zwar nicht begeistert über die Wiederentdeckung ihrer Liebe zur Ausgrabung, aber ich dachte, wir könnten ihre Talente vielleicht gebrauchen, als wir am Holland-Tunnel ankamen und auf eine Autoschlange stießen, die ich zunächst für einen Parkplatz gehalten hatte.

Mark suchte sich diesen Moment aus, um klarzustellen, dass uns genau 90 Minuten blieben, um ins Studio zu kommen. Irgendwo fehlten uns drei entscheidende Stunden, genauer gesagt die drei Stunden, die wir brauchten, um ins Hotel zu gelangen, zu duschen, uns umzuziehen und die Mädchen in ihre Designerklamotten zu stecken. Ich hatte die starke Vermutung, dass die Verspätung darauf zurückzuführen war, dass Mark vergessen hatte, den Weckruf zu arrangieren, der uns eigentlich um 6.00 Uhr wecken sollte (und nicht um 8.20 Uhr). Ich entschied mich dafür, es nicht zu erwähnen, genauso wenig wie die Tatsache, dass wir auch dann nicht aufgewacht wären, wenn Sarah uns nicht aus einem ganz bestimmten Grund geweckt hätte. Gott sei Dank für den Ruf der Natur.

Wir brauchten gerade mal 15 Minuten für den Tunnel und weitere 15 Minuten, um die nächsten beiden Blöcke in Manhattan zurückzulegen. Michael deutete nach links. »Hey, was ist denn das?« Dort, in dem, was auf dem Stadtplan als Avenue of the Americas verzeichnet war, gab es den größten Verkehrsstau in der Geschichte. Kein gutes Zeichen.

Mark drehte sich vielleicht um 2 Grad in meine Richtung – nicht viel, aber genug für mich, um zu sehen, wie sein Augenlid zu zucken begann. Auch kein gutes Zeichen. Gracie, die sich zwischen die Vordersitze gequetscht hatte, schüttelte den Kopf und zog sich mit Dottie und Sarah zurück.

»Wartet mal 'ne Sekunde«, sagte Michael. »Wenn ich mir das auf dem Plan so ansehe ... Okay, es sieht so aus, als könnten wir die Stadt nach Osten auf der Canal Street durchqueren, dann weiter nördlich auf der Allen Street, die dann zur First Avenue wird und sie bis zur, wartet mal, die ungeraden Straßen gehen nach Westen, also zur 49. Street nehmen, und dann schleichen wir uns von hinten an die Fernsehstudios.

»Michael«, sagte ich, »bist du bestimmt noch nie in New York gewesen?«

Er sah verblüfft aus. »Ehrlich, Onkel Dan – ich orientiere mich am Stadtplan.«

Michael stellte sich als geborener Navigator heraus, und als das Auto hinter den Studios zum Stehen kam, ließ ich erst mal Luft ab. Wir hatten noch 18 Minuten. Was konnte denn jetzt noch schief gehen?

Wie heißt es in diesem Lied? »Wenn du's dort schaffst, schaffst du es überall«? Jetzt wurde mir bewusst, was das wirklich bedeuten sollte: »Wenn du es entgegen allen Vorzeichen und trotz deiner größten Anstrengungen schaffst, *dorthin* zu kommen ...« Denn kaum hatten wir das Gebäude betreten – Mark und Sarah und Dottie strebten schon den Aufzügen zu – hatte Gracie nach einem Blick auf den schwarzen Marmorboden beschlossen, dass sie keine Pfote darauf setzen würde.

Geschah das wirklich? Hatte mein überdimensionales Hündchen Angst vor einem schimmernden Marmorboden? Mit einem Mal stand mir ein Ereignis vor Augen, das sich vor zwei Jahren abgespielt hatte, als Gracie auf der Kellertreppe gestolpert war. Sie war so schwer gestürzt, dass die rechte hintere Kniescheibe rausgesprungen war. Seitdem hatte sie sich kategorisch geweigert, Treppen zu benutzen. Jetzt sah ich genau dieselbe Art von Weigerung: Ich werde mich hierauf auch nicht den Bruchteil eines Zentimeters vorwärtsbewegen. Und aus einem sehr einfachen Grund: Der Boden sah für sie so gefährlich wie Treppen aus. Er war gewienert und auf Hochglanz gebracht worden, man konnte darin die Barthaare seines Schnurrbartes zählen (wenn man einen Schnurrbart hatte). Und genau das verängstigte Gracie so. Mit ihren langen Beinen hatte sie nicht den geringsten Halt auf einem solchen Boden.

Mark brüllte: »Nun hört auf mit dem Blödsinn, der Aufzug ist hier drüben!«

Ich sah ihn verzweifelt an und brüllte zurück: »Sie weigert sich, den Marmor zu betreten!«

Mark lächelte den Vorübergehenden zu, die uns mit unserer Meute angafften. Dann drehte er sich nach mir um und sagte mit einer beängstigend ruhigen Stimme: »In Ordnung. Wir haben noch zwölf Minuten, bis die Show losgeht. Warum trägst du sie nicht?«

Eine kleine Menge hatte sich um uns gebildet, bestimmt begeisterte sie die Aussicht, einen Mann ein mittleres Pferd durch die Lobby eines Wolkenkratzers tragen zu sehen. Da ich nie die Gelegenheit zu einer Mutprobe ablehnte, wenn sich mir eine bot, und außerdem in den Schaulustigen zukünftige Kunden sah, die um jeden Preis unterhalten werden wollten, nahm ich Gracies Leine zwischen die Zähne und hievte ihre 140 Pfund hoch. Ehrlich, ich weiß nicht, wer von uns beiden überraschter war. Als ich unter ihrem Gewicht zum Aufzug wankte, klatschte die Menge begeistert, während Mark den Kopf schüttelte.

»Du bist doch schon berühmt«, sagte er.

»Ja«, antwortete ich, »ich hoffe, das ist einen Leistenbruch wert.«

Sowie ich Gracie im Aufzug untergebracht hatte, stellte sich Mark mit Dottie und Sarah hinter uns. »Du brauchst deinen Auftritt einfach, stimmt's?«

Ich schmetterte ihm meinen patentierten Clint-Eastwood-Blick zu. »Du kannst mir dankbar sein, dass ich zu reif bin, um zu erwähnen, wer vergessen hat, unseren heutigen Weckruf zu organisieren.«

Mark starrte geradeaus und pfiff vor sich hin. Er

hielt sich an das internationale Aufzugsprotokoll, nach dem alle anderen unsichtbar sind.

Ich war noch nie in meinem Leben so froh gewesen, einen grauen Teppich zu sehen, wie in dem Moment, als sich die Türen im sechsten Stockwerk öffneten. Einer der Produzenten, der dort auf uns wartete, meinte, unsere Verspätung sei kein Problem, da wir noch nicht gleich dran kämen. Jetzt hatten wir die letzte Hürde genommen. Keine Sorgen mehr. Auch wenn eine Dusche wirklich nicht schlecht gewesen wäre …

Wir waren im Schminkraum und versuchten die Mädchen anzuziehen, während die Make-up-Leute ihr Bestes taten, um uns dem Fernsehpublikum präsentabel zu machen (sagen wir einfach nur, dass sie nicht umsonst Make-up-Künstler genannt werden). Normalerweise half Michael uns, die Mädchen zu besonderen Gelegenheiten aufzudonnern, aber er fuhr immer noch parkplatzsuchend die Straßen von New York auf und ab. Ich war gerade dabei, Gracie in ihr Teil zu zwängen, als einer der Mikrofontypen Batteriepäckchen und Mikrofon bei mir anbringen wollte. Ich liebe diese Technologie – die Vorstellung, dass ein winziges Batteriepäckchen um meine Taille und ein noch kleineres drahtloses Mikrofon an meinem Kragen dazu führt, dass ganz Amerika mich hört (zumindest der Teil, der lange aufbleibt und fernsieht). Unglücklicherweise für alle Beteiligten teilte Gracie diese Faszination für das Mini-Mikro.

Mr. Audio machte gerade mein Kragenmikro an, wozu er sich neben meinen Stuhl kniete, während ich den Kinnriemen an Gracies Fliegenklatschen-Hütchen befestigte. Das Gummiband rutschte immer wieder aus dem Häckchen, und als ich mich vorbeugte, um es mir genauer anzusehen, stach Gracie das Mikrofon ins Auge. Prompt tat sie, was sie immer tut (oder zu tun versuchte), wenn sie ein Ding sah, das sie ins Maul nehmen konnte: Sie nahm's ins Maul. Ich bemerkte, dass ihre Kiefer nach etwas schnappten, aber ich begriff erst, was es war, als der Audiotyp schrie, nach seinem Kopfhörer griff und sich mit dem besten Charlie-Brown-»Aaarrrgghh!« auf den Boden fallen ließ.

Ich sah Gracie an. Sie knackte irgendwas. Ich tastete nach meinem Kragenmikro. Weg. *»Gracie!«* Ja, genau – wenn Panik ausbricht, schreien Sie einfach den nächsten tauben Hund an. »Gracie! Lass es fallen!«

Sarah und Dottie fingen auch an zu lärmen, und einer der anderen Gäste rannte mit dem Schrei »Sicherheitsdienst!« hinaus. Mark schoss auf uns zu, als der Tontyp sich stöhnend den Kopfhörer runterriss. »Was ist los?«

Ich versuchte, Gracies Kiefer aufzukriegen, bevor sie das Mikro runterschluckte, aber sie war nicht zum Aufgeben zu bewegen. Ihre Brauen waren mit einer Intensität zusammengezogen, die zu besagen schien: Such dir selbst einen Imbiss! »Sie hat das Mikro im Maul!«

Marks Reaktion? »Spuck es aus, Gracie! Gracie? SPUCK ES AUS!«

Der Tontechniker kam wieder auf die Füße. »Jetzt weiß ich, wie es sich anhört, von einer Deutschen Dogge gefressen zu werden.« Er sah zu uns rüber. »Hey, ist das nicht der taube Hund?«

Mark und ich sahen ihn an. »Na ja, aber ...«

Er kniete sich vor Gracie, seine Nase fast an ihrer Schnauze, legte seine Hand auf ihren langen Nacken und ließ seinen Unterkiefer fallen. Er starrte ihr in die Augen und wiederholte es noch einmal. Sie erstarrte, sie hörte sogar auf zu kauen. Er ließ seinen Kiefer noch mal fallen, starrte auf den Boden und schüttelte seinen Kopf wie ein nasser Bär. Gracie folgte seinem Beispiel, und das zermanschte Mikrofon fiel zu Boden.

Wir dankten dem Tontypen, seinen Eltern und seinen Großeltern, aber er zuckte nur mit den Schultern. »Hunde sind komische Leute, Mann. Musste in ihrer eigenen Sprache ansprechen.« Er drehte sich zu mir um. »Ich besorge ein anderes. Aber vielleicht sollten Sie damit nicht zu nah an den Krokodilsfelsen gehen.« Gracie sah hoch, die Unschuld in Person.

Ein Sicherheitsmann steckte seinen Kopf durch die Tür. »Gibt's hier ein Problem?«

Mark und ich tauschten einen Unschuldsblick.

»Nee.«

»Hier gibt's kein Problem.«

Und daran glaubten wir, bis der Koproduzent sich an dem Sicherheitsmenschen vorbeischob und »Drei Minuten noch, Leute!« reinrief.

In dem Moment kam Michael rein, genau rechtzeitig, um zu sehen, dass Dottie ihre Schnauze gerade in einen Behälter mit Pancake-Make-up versenkte. Er packte sie vor ihrem ersten Bissen.

»Du willst dieses eklige Make-up gar nicht. Ich habe was, was du wirklich willst.« Michael zog etwas Rohleder aus seiner Tasche. Es war ihr liebster Lass-den-Unsinn-Imbiss, und wir hatten dafür gesorgt, heute genug mitzunehmen, nur für den Fall der Fälle. Wir wurden in die Kulissen geführt, und ich wollte gerade fragen, ob jemand eine Zeitung für die Mädchen hatte, da ging's schon los: »3–2–1–uuuund...«

»... Three Dog Bakery, Mark Beckloff und Dan Dye!«

Unser Auftritt war zweigeteilt. Erst sollten wir dem berühmten Gastgeber beibringen, wie man Mitternachtshäppchen macht, und dann, nach einer Werbepause, sollten wir Typen uns mit den Hunden zum Interview am berühmten Schreibtisch einfinden. Einfach, stimmt's? Es gab doch keinen Grund, mit drei überreizten Hunden vor einem Millionenpublikum aufzutreten und nervös zu werden, stimmt's?

Der erste Teil lief auch ganz gut, wenn man bedenkt, dass alles für uns zurechtgelegt worden war und wir nicht wirklich kochten, sondern eher die Zubereitung demonstrierten, wobei wir die Häppchen in den verschiedenen Stadien ihres Werdegangs vorführten. Wir mussten die Hunde auf Abstand halten, um sicherzugehen, dass sie sich nicht mit den Zutaten verdrückten, aber sie waren nicht beleidigt, sie hatten ja ihr Rohleder zu bewältigen. Ich musste mir zureden zu atmen, aber Mr. Berühmt war so witzig, dass ich meine Nervosität schnell vergaß. Leider vergaß ich auch, dass wir nicht zu Hause auf dem Sofa saßen und ihm im Fernsehen zusahen. Zum Glück stieß mir Mark seinen Ellbogen in die Rippen und forderte mich auf, Mr. Berühmt zu antworten und nicht nur über seine Witze zu lachen.

Noch vor der Pause hatte Michael die Hunde zum Set bugsiert. Als wir uns dazusetzten, sah er mich bekümmert an und murmelte so was wie »Tut mir Leid wegen dem Schreibtisch« und verschwand in den Kulissen.

Ich wandte mich an Mark. »Was hat er gesagt?«

»Ich weiß es nicht. Hat sich angehört wie ›Tut mir Leid wegen dem Schreibtisch‹ oder so.«

Ich sah mir den Schreitisch von Mr. Berühmt an. Ich konnte nichts Besonderes an ihm feststellen, er schimmerte sogar noch mehr, als ich es in Erinnerung hatte, und im Gegensatz zu unserem Mobiliar zu Hause wies er keine Nagespuren auf. »Das ist merkwürdig«, sagte ich. »Es ist doch gar nichts los mit dem ... Gracie!« Sie war hinter dem Schreibtisch und sabberte daran herum, als sei er ein überdimensionaler Lutscher. Die gesamte Oberfläche des Schreibtischs war mit etwas bedeckt, was ich hier euphemistisch als »Gracie-Lack« bezeichnen möchte. Ich griff sie mir, zog sie hinter die Couch und gab ihr das Rohleder zu kauen. Im selben Moment nahm Mr. Berühmt breit lächelnd seinen Platz ein, und Mark flüsterte: »Tut mir Leid wegen des Schreibtischs!«

»Warum, was ist denn mit dem ...« In dem Bruchteil der Sekunde, bevor seine Ellbogen das Holz berührten, sah Berühmt genau, was mit dem Schreibtisch los war. Ich hätte ihm mein Taschentuch gegeben, aber wir waren schon mitten drin im »5–4–3 ...«

Es wäre schön gewesen, wenn das das Letzte gewesen wäre, was an dem Abend schief lief. Gracie, Gott sei ihrem samtweichen weißen Fell gnädig, hatte ihre eigenen Vorstellungen. Oder vielleicht nur eine andere Vorstellung, aber die war nicht unproblematisch: Sie bemerkte, dass sie nach all den Jahren als Maskottchen, Hundesprecherin und Flaggschiff der Three Dog Bakery Lampenfieber hatte – und weigerte sich kategorisch, hinter der Couch hervorzukommen.

Wenn sie kleiner gewesen wäre, hätte unser berühmter Gastgeber ja witzeln können, dass wir gar keinen dritten Hund hatten, aber Gracie war gerade noch groß genug, dass man ihre Augen und einen Teil ihrer Schnauze hinter der Rücklehne vorgucken sah, was Mr. Berühmt dazu veranlasste, das Dum-dum-Dum-dum-Thema aus »Der weiße Hai« zu trommeln. Falls sie je das Bedürfnis verspüren sollten, das New Yorker Fernseh- und Radiomuseum aufzusuchen, dann können Sie die Show ja ausgraben und sich selbst davon überzeugen (obwohl ich aufrichtig hoffe, dass Sie etwas Besseres mit Ihrer Zeit vorhaben). Dann wird Ihnen auffallen, wie mein linker Arm hinter der Couch verschwindet, weil ich sanft, aber entschlossen versuchte, Gracie in den Raum zu schubsen, während ich natürlich so tat, als beteiligte ich mich an dem leicht spöttischen Wortwechsel mit meinem Partner und unserem Gastgeber und sich ein Millionenpublikum die Frage stellte: »Was ist bloß mit dem Typ los?«

Es erübrigt sich zu sagen, dass mein Beitrag zur Unterhaltung nicht gerade berauschend war. Dafür war Mark so cool wie immer, und Mr. Berühmt verriet mit keiner Geste, dass er um ein Haar seinen Anzug ruiniert hätte. Aber das Wichtigste war, dass Gracie das Kunststück gelang, zur besten Sendezeit im Fernsehen zu erscheinen, ohne sich eigentlich richtig zu zeigen.

Am nächsten Morgen schien die Sonne durch die Hotelvorhänge. Ich lag im Bett, kostete den Medientriumph aus und erwog Frühstücksalternativen (Eier Benedict … Eier auf Florentiner Art … Rührei mit Pommes Frites), da begann Gracie mir das Gesicht abzulecken. Empörend! Dieses Gesicht war am Vorabend in ganz Amerika im Fernsehen zu sehen gewesen – sicherlich würde es bald die Brotdosen jugendlicher Hippies zieren –, und was tat sie? Sie sabberte es ab. Das würde ich ihr heimzahlen! Ich könnte einfach so tun, als bemerkte ich es gar nicht. Ich könnte …

Genau.

Ich schnappte meine Ray-Bans und wir machten uns auf in den Park.

Der Central Park ist für Hunde, was New York für Menschen ist: die abwechslungsreichste und erstaunlichste Ansammlung von Geschöpfen aller Größen, Farben und Rassen – und meistens kamen sie auch noch gut miteinander aus. Es war erst kurz nach sieben, aber selbst an so einem kalten klaren Dezembersonnabend tobten schon Dutzende von Hunden mit ihren Menschen im Schlepptau herum. Es war, wie ich es mir vorgestellt hatte: Die Leute erkannten uns an Gracies unverwechselbarem Profil!

»Hey, wie geht's denn so?« brüllte mir ein großer Typ mit einem hellen Labrador zu. »Hab Sie gestern bei Letterman gesehen!« Wir winkten zurück. Einen Moment lang wollte ich ihn verbessern, aber dann fiel mir ein, dass es unserem Ruf nicht schaden würde, wenn die Leute dachten, wir seien in beiden Shows aufgetreten.

»Oh, sieh mal, da ist ja Gracie!« Eine große junge Frau, die ein Model sein konnte, sprach mit ihrem Dalmatiner und zeigte auf uns – nun, auf einen von uns. »Wir finden euch super!«

»Danke!« Junge, berühmt zu sein war schon klasse!

Ich ließ Gracie von der Leine zu den anderen Hunden. Zuerst schien sie schüchtern und leicht verwirrt, aber dann schloss sie sich der Gruppe Köter an, die auf der Wiese rumtobte. Nach etwa zwanzig Minuten, in denen sie die Schönheiten der Natur mitten in Manhattan erkundet hatte, löste sie sich aus der Meute, um mit einem kleinen schwarzen Pudel zu spielen, dessen Fell – in der Art englischer Gärten – einen Formschnitt erhalten hatte.

Dieses Park-Avenue-Schoßhündchen hielt ich für eine eher unwahrscheinliche Gespielin für Gracie, die trotz ihrer gewaltigen Größe immer noch so aussah und sich auch so benahm wie ein großes Kind. Doch wenn sie sich riechen mochten, warum sollte ich mir da ein Urteil erlauben?

Langsam wurde es Zeit, ins Hotel zurückzugehen und etwas zu frühstücken; deswegen versuchte ich, Gracies Aufmerksamkeit mit dem Zeichen, das Mark und ich ihr unter solchen Mühen vor vielen Jahren beigebracht hatten, auf mich zu lenken: Ich breitete die Arme ganz weit aus, wackelte mit den Fingern und wartete darauf, dass sie mich sehen und zurückkommen würde.

Sie sah nicht zu mir rüber. Ich wartete. Sie warf mir

einen flüchtigen Blick zu, und ich wackelte ganz laut mit meinen Fingern. Nichts zu machen. Der Pudel kaute liebevoll an ihren Ohren, und sie hatten ganz und gar nicht die Absicht, ihr Spiel zu unterbrechen.

Schließlich wandte sich Gracie mir quer über den halben Park einmal ganz zu, und ich wusste, dies war meine große Chance. Ich breitete die Arme aus und bewegte meine Finger so heftig, dass ich befürchtete, sie würden sich gleich von meinen Händen lösen. Ich wusste genau, dass sie angerannt käme, so wie sie es immer tat.

Sie kam nicht. Sie wedelte und, ich schwöre es, sie lächelte. Dann jagte sie den Pudel noch ein bisschen herum. Ein Grüppchen weltverdrossener New Yorker Hundebesitzer fixierte schon den Mann mit der dunklen Sonnenbrille, der seinen Hund mit wackelnden Fingern anzulocken versuchte. Ich hörte, wie jemand sagte: »Ist das nicht der Typ aus dem Fernsehen?« Dieser Ruhm war einfach super!

Eine elegante Blondine trat aus der Gruppe und rief nach dem Pudel, wie sich herausstellte. »Penelope! Komm! Komm mein Liebling, Zeit zu gehen!« Penelope drehte sich um und trottete auf sie zu, Gracie dicht hinter ihrem gut frisierten Hinterteil.

»Danke«, sagte ich und nickte Penelope zu, als Gracie sich einstellte. »Wenn Sie Ihren Hund nicht gerufen hätten, müsste ich jetzt hinter meinem herjagen.«

»Die beiden scheinen sich allerdings auch sehr …« Sie schob die Sonnenbrille hoch und sah Gracie und mich an. »Entschuldigen Sie bitte«, sie starrte mich immer noch an, »das hört sich wahrscheinlich blöd an, aber haben sie jemals von der Three Dog Bakery gehört?«

Ich grinste. Was soll man mit einer Privatsphäre, wenn man doch von allen erkannt werden kann. »Ja.«

Sie lächelte zurück und zeigte auf Gracie. »Ist das Gracie?«

»Ja, genau.« Ich versuchte, ganz cool zu bleiben – wir Promis machen das immer so.

Penelopes Gefährtin strahlte mich an. »Dann müssen Sie Mark sein!«

Ich räusperte mich. »Hm, nein, genau gesagt bin ich Dan.«

Sie wurde rot. »Oh, das tut mir aber Leid!«

Ich lachte. Es stellte sich heraus, dass ihr Mann und sie seit Jahren bei uns bestellten, und dass sie sich wünschten, wir würden Hundefrühstück, -mittagessen und -abendessen anbieten. Und es war auch nicht ungünstig, dass sie eine leitende Angestellte bei einem Sender war, der sich auf Essen und Kochen spezialisiert hatte, und dass sie sich fragte, ob uns irgendjemand schon mal auf eine eigene Show angesprochen hätte.

In meinem Kopf drehte sich alles. »Na ja, also bisher ...«

»Gut, denn ich spreche Sie hier und jetzt darauf an.« Sie holte ihr Portemonnaie raus. »Hier ist meine Karte. Können Sie mich Montagmorgen, so gegen 10.30 Uhr, anrufen?«

Ich liebe New York – wo kann man sonst mit seinem Hund an einem kühlen Sonnabendmorgen rausgehen und mit einem Angebot für eine eigene TV-Show zurückkommen? Nachdem wir uns von Penelope und ihrem Menschen getrennt hatten, beugte ich mich zu

Gracie und sagte: »Pass auf, dass mir das Ganze nicht zu Kopf steigt, okay? Ich weiß, dass es in ’ner Viertelstunde wieder vorbei ist.« Gracie antwortete, indem sie mir das Gesicht ableckte: *Ruhm, Schluhm – wo ist mein Frühstück?*

Im Hotel fraß sie, während ich über das nachdachte, was gerade im Park passiert war. Ich hätte geschworen, mir das Ganze nur eingebildet zu haben, wenn wir nicht zwei Monate später eine eigene Show gehabt hätten. Wenn Sie sie mal sehen sollten, können sie mich schnell erkennen: Ich bin der, der nicht Mark ist.

Grosser Tag in San Diego

Unser Trip nach New York war aber nur der Auftakt zum wunderbarsten Tag in Gracies sternstundenübersäter Laufbahn. Sie war acht Jahre alt und wir hielten uns in San Diego auf, weil wir dort fünf neue Filialen an einem Tag eröffneten. Es war der größte Tag unseres Geschäftslebens – denn wenn wir auch schon ein paar andere Filialen eröffnet hatten, so verdoppelten sie sich nun an einem einzigen Tag! Aber dieser Tag sollte für die Mädchen so grandios werden wie für uns, denn wir wollten ihn stilvoll begehen – hundestilvoll eben!

Inzwischen war Gracie auch ans Auftakeln gewöhnt.

Seit Mark und ich mit der Bäckerei angefangen hatten, war uns jeder Vorwand recht, um Gracie und ihre Schwestern zu kostümieren. Sarah und Dottie taten sich zunächst etwas schwer, die notwendige Geduld aufzubringen, aber Gracie war wie für den Laufsteg geboren. Über die Jahre fügte sie sich anmutig in jede Aufmachung, die uns in den Sinn kam. Am President's Day trug sie einen Bart und einen Zylinder. Zu Ostern war es ein Kopfschmuck aus samtenen Löffeln – die im Verhältnis zu ihren noch klein aussahen. Und so ging's am Labor Day, zu Halloween und Thanksgiving weiter. Als wir unseren zweiten großen Laden eröffneten, bekamen die Mädchen passende Hütchen und Kleidchen, die wirklich klasse aussahen, wenn ich auch zugeben muss, dass sie von der Stange waren (und nein, Gracie passte nie so richtig in Größe 38). Das war unser erster Ausflug in die Haute Couture.

Eine Designerin (für Menschenklamotten, stellen Sie sich das mal vor!) aus Kansas City hatte uns angerufen und gefragt, ob sie für jedes Mädchen etwas Spezielles entwerfen dürfe. Wir wollten nicht unhöflich sein, deswegen nahmen wir ihr Angebot an. Was wir damals allerdings noch nicht wussten, war, dass sie die Stücke aus teuren und unglaublich schönen Stoffen schneidern wollte, die sie von früheren Entwürfen übrig hatte, aus Taft und Organsin, aus Tüll und diversen anderen Materialien, die ich ohne Textillexikon kaum richtig benennen konnte.

Einen Tag bevor wir nach San Diego fuhren, brachte uns Brenda, die Designerin, die Kleider vorbei. Wir waren sprachlos. Noch nie hatten wir so schöne Kleider an Menschen gesehen, geschweige denn an Hunden.

Sarahs Kleid war ein Traum aus rubinrotem Seidenbrokat, dessen warmer Farbton wunderbar mit ihrem schwarzen Fell harmonierte. Ein passendes Kopfband mit einer riesigen seidenen Moirèschleife vollendete das Kostüm. Zu einem purpurnen Paisleykleid trug Dottie eine kecke Baskenmütze mit einem Schleier und passender Schleppe – selbstverständlich gepunktet. Und doch übertraf Gracies Kleid mit der abgestimmten Pagenkappe noch die anderen beiden. Ihr königsblauer Taft war wie für eine Oskarverleihung geschaffen und er war so aufwendig verarbeitet, dass man vier einfachere Gewänder aus dem Stoff hätte machen können. Die Krönung des Ganzen war das Goldlamé, das sich wie ein Wasserfall vom Hut zum Kleidersaum ergoss. Wir waren uns einig, dass es keine besser angezogenen Hunde auf den Eröffnungen geben würde – oder sonst irgendwo auf der Welt.

Und glauben Sie ja nicht, unsere haarigen Modepüppchen hätte ihre Wirkung kalt gelassen. Inzwischen fügte sich Gracie klaglos der Prozedur, und Sarah und Dottie rannten nicht mehr davon. In den letzten Jahren wurden die Mädchen aus Gründen, die zu kennen ich nicht behaupten kann, immer merklich aufgeregt, wenn wir ein Kostüm hervorkramten – allen voran Gracie! Vielleicht gefiel ihr die zusätzliche Aufmerksamkeit, die ihr dann bezeugt wurde (nicht, dass sie sonst zu wenig bekam). Vielleicht verstand sie aber auch, dass man diese prunkvollen Klamotten zu besonderen Anlässen anzog, und wollte sich entsprechend verhalten. Als Brenda ihre Meisterstücke auspackte, wedelte Gracie so heftig wie seit Welpenzeiten nicht mehr. Es sah so aus, als würde sie von innen gekitzelt.

Brenda machte eine Anprobe mit jedem Mädchen, und perfektionierte die Garderobe mit ein paar Stichen hier und einem Zurechtzupfen dort, bevor sie die Stücke in ihre Schachtel für den morgigen großen Tag zurücklegte.

Und nun war der große Tag gekommen. Michael war bereits in der ersten Bäckerei, wo er bei den letzten Vorbereitungen half, als die Limousine vor unserer stinkvornehmen Absteige, dem Vagabond Motel, vorfuhr. Was kann ich sagen? Dort waren Hunde erlaubt, es war gut gelegen und es war richtig billig. Aus dem erstaunten Gesichtsausdruck des Motelangestellten schlossen wir, dass noch nie eine Stretch-Limousine auf dem Parkplatz des Vagabond vorgefahren war. Es war eine schimmernd weiße Yacht von einem Auto – ein Lincoln Continental auf Steroiden – mit verdunkelten Fenstern und Sitzen, die sich so weit gegenüberlagen, dass der Platz dazwischen für einen Banketttisch ausgereicht hätte. Mark und ich nahmen die Sitze hinter dem Fahrer ein, Sarah und Dottie machten es sich zu Marks Füßen bequem und Gracie lief majestätisch auf das hintere Sofa zu. Dort nahm sie ihre Lieblingsstellung ein: mit dem Rumpf und den Hinterbeinen auf dem Sitz, den Vorderbeinen auf dem Boden starrte sie aus ihrem Fenster, dem einzigen, das leicht geöffnet war. Auf Gracie hatte ein offenes Autofenster denselben therapeutischen Effekt wie eine Rückenmassage auf die meisten Menschen, trotzdem wandte sie uns bald ihre ganze Aufmerksamkeit zu. So kam es, dass alles, was man von der Straße aus sehen konnte, das noble Profil eines enorm großen Hundes war, der offensichtlich allein in einer Stretch-Limousine herumkutschiert wurde und zu der Gelegenheit einen schicken Jackie-Kennedy-Hut trug.

Erst war es uns gar nicht klar, aber so viele Leute lachten, pfiffen und riefen uns Kommentare zu, dass auch wir richtig lachen konnten. Natürlich starrte Gracie uns nur gelassen an, unerachtet des Aufruhrs, den sie verursachte.

»Sieh sie dir an«, sagte ich. »Ihr ist egal, was andere über sie sagen.« Ich war reichlich eingebildet, und wer wollte mir das verdenken?

»Du hast Recht«, sagte Mark. »Wenn es bestimmt auch nicht schadet, dass sie nichts von alldem hören kann.«

Und dennoch. Gracies Erscheinung und Geisteshaltung waren die eines Zen-Meisters.

Und das zeigte sich auch bei der Eröffnung. In einem Laden voller Berühmtheiten, unter ihnen auch Morris, die Katze, und Eddie aus Frazier, bekam Gracie viel mehr Streicheleinheiten als die anderen versammelten Tiere, Mark und mich nicht ausgenommen, aber sie wurde weder ungehalten, noch drehte sie auf.

Es gab nur eine Beeinträchtigung an dem ganzen Tag, und Gracie schaffte es, sie zu versüßen. San Diego steht in dem Ruf, eine der Städte Nordamerikas zu sein, in denen es sich am besten leben lässt. Dieser wunderbare Frühlingstag tat nichts, um diesen Ruf zu unterwandern. Alle hatten sich für den schönsten Mainachmittag der westlichen Hemisphäre angezogen. Deswegen waren wir überrascht, als eine Frau in unseren letzten Laden des Tages marschierte (wir hatten seit ein Uhr versucht, in jeder Filiale eine Stunde zu verbringen), die einen bodenlangen Nerzmantel trug und darunter etwas, was Reitkleidung sein konnte. Sie kam nicht in Begleitung eines Hundes, sondern in der einer abgespannt wirkenden jungen Frau, die ich für ihre persönliche Assistentin hielt. Sie war keine Hundefreundin – sie muss die großen Eröffnungsschilder gesehen und sich gewundert haben, wer hier die Grundstückspreise verdarb.

»Das ist ja lächerlich!« Dieser Ausruf war wohl nicht so sehr an ihre Assistentin oder den Laden im Allgemeinen gerichtet als an sich selbst. »Gourmetfutter für Hunde? Das ist das Lächerlichste, was ich je gehört habe.« Sie wandte sich nach der Assistentin um. »Wasser!« Die Assistentin produzierte aus Frankreich importiertes Wasser, wo es an der einen oder anderen jener gewissen Quellen abgefüllt worden war. Nerzlady nahm einen gesunden Schluck und gab die Flasche zurück, ohne sich auch nur nach der Hand umzudrehen, die sie ihr gereicht hatte.

Ich raunte Mark zu: »Ich kann's gar nicht erwarten, so reich und berühmt zu werden!«

Mark schüttelte den Kopf »Ich schon. Ich kann sehr lange darauf warten.«

»Und was ist das hier?« Sie hatte die Kuchenauslagen entdeckt. »Sollen die Kuchen für Hunde sein?«

»Das langt«, sagte Mark halblaut und kämpfte sich bis dahin durch, wo Madame ihre Rede schwang. »Oh ja«, sagte Mark in seiner besten Fernsehwerbestimme aus dem Off. »Diese Kuchen sind für Hunde!« Er nutzte ihre rhetorische Frage als Sprungbrett. »Wir backen sie täglich frisch aus biologisch-dynamischen Zutaten, damit jedes Krümelchen, das Ihr Hund frisst, Nahrung pur ist – keine Zusätze, Konservierungsmittel, künstliche Aromen oder Farbstoffe irgendwelcher Art.« Die Menge murmelte beipflichtend.

»Mein kleiner Humbert könnte dies Zeug den ganzen Tag lang fressen«, sagte ein großer Bodybuilder-Typ mit einem Beatnikspitzbart und einem klasse Köter an seiner Seite.

Madame Nerz sagte: »Sie machen Witze!«

Ich konnte der Versuchung nicht widerstehen. »Wir meinen es hundert Prozent ernst! Und der Beweis steckt im Kuchen!« Ich wandte mich an Mr. Muskel. »Würde es Ihnen etwas ausmachen, Humbert für eine Geschmacksprobe zur Verfügung zu stellen?«

Bedauerlicherweise für Humbert musste dieser schöne Moment verschoben werden. »Oh, ich habe genug von diesem Quatsch«, erklärte Madame Nerz. »Wir gehen!«

Nun, als wir bei dieser letzten Bäckerei des Tages angekommen waren, hatte Gracie vor einem Keksbehälter Stellung bezogen, den sie als ihren persönlichen Futternapf betrachtete. Dort war sie auch während dieses Auftritts. Aber irgendetwas muss ihre Aufmerksamkeit geweckt haben, denn in dem Moment, in dem die Nerzlady ihr Gehen verkündete, drehte Gracie sich um, beäugte sie und leckte mit ihrer riesigen schleimigen Zunge einmal am Nerz entlang, vom Boden bis zwischen die Schulterblätter der Trägerin. Die Sabberspur war gesprenkelt mit Kekskrümeln. Alle, die Gracies Arbeit sahen, brachen in Lachen aus.

»Die Leute sind so leicht zu amüsieren!« gab Madame Nerz hochnäsig von sich – und provozierte damit noch mehr Gelächter.

Humberts Gefährte applaudierte. »Bravo, Gracie! Bravo!« Wir anderen fielen ein, und bald verbreitete sich in der Bäckerei jene besondere Wärme, die entsteht, wenn Fremde sich in ihrer Verachtung für Snobs einig sind. Ich gab Gracie eine Riesenumarmung als Dankeschön.

Seitdem habe ich oft an Gracies Verhalten gedacht, und mir kommt es immer so vor, als sei es vorsätzlich gewesen, als habe sie auf eine unheimliche Art gewusst, dass diese unglückliche Frau unseren freundlichen Laden nur betreten hatte, um ihre unglückliche Ausstrahlung abzuleiten, und als habe sie, Gracie, instinktiv verstanden, dass rasche und effektive Gegenmaßnahmen vonnöten seien, um die Balance des Glücks wiederherzustellen. Außer wenn sie geglaubt hat, die Nerzlady sei ein riesiger pelziger Hund, den man zur Begrüßung abschlabbern musste.

In jedem Fall war es ein vollkommenes Beispiel ihrer Fähigkeit, Schlechtes gut zu machen, und das so ruhig und gelassen, dass man es verpassen konnte, wenn man nur mit der Wimper zuckte.

Eine halbe Stunde später wollten wir gehen, denn unser Tag war noch lange nicht vorbei. Wir wollten die Mädchen mit einem Trip zum Hunde-Traumziel Nr. 1 belohnen: San Diegos berühmtem Hundestrand.

Als ich das erste Mal vom Hundestrand hörte, hatte ich mir einen verdreckten, gartengroßen Strandabschnitt vorgestellt, der mit Müll und den einschlägigen Hinterlassenschaften Tausender von Hunde übersät war. Nichts kam der Wahrheit weniger nah. Es war ein langer, noch ursprünglicher Strand an dem blauesten Wasser, das ich je gesehen hatte, und dazu viele der glücklichsten Hunde (mit ihren ebenso glücklichen Besitzern), die man sich nur vorstellen kann. Hunde spielten Fangen und Frisbee (nein, nicht miteinander – es ist ein Hundestrand, kein Hundehimmel), Hunde räkelten sich in der Sonne, und, am bemerkenswertesten, Hunde plantschten in der Brandung. Und Gracie war kurz davor, ihr erstes Bad zu nehmen.

Es ist eine Binsenweisheit, dass Hunde gerne schwimmen – auch wenn sie die Badewanne nicht ausstehen können. Aber viele Hunde haben nie die Chance, das herauszufinden. Man darf sie nicht ins Schwimmbad mitnehmen und nicht jeder lebt am Meer oder an einem See, und sogar diejenigen, die es tun, haben es manchmal sehr schwer, eine Stelle zu finden, an dem Hunde auf den Strand, geschweige denn ins Wasser dürfen. Nun wird es Sie nicht mehr überraschen, wenn ich Ihnen sage, dass die Mädchen, obschon in der Blüte ihrer Jahre, noch nie geschwommen waren. Bis zu diesem Tag.

Wir hatten die Limousine für den ganzen Tag gemietet und halfen den Mädchen auf dem Weg zum Strand aus ihren guten Kleidern in ihren Geburtszustand zurück. Dann rieb ich Gracie mit einer wasserfesten Sonnenmilch ein. Ja, genau – Albinotiere sind sehr sonnenempfindlich, und sogar Nicht-Albinos können einen Sonnenbrand bekommen. Ich kann mir nur vorstellen, was die Leute gedacht haben mögen, als eine straßenlange Limousine am Strand parkte, die Tür aufging und drei Hunde herausgeschossen kamen, gefolgt von zwei barfüßigen Typen in abgeschnittenen Jeans.

Dottie, die Verkörperung instinktiven Handelns, wäre in dem Moment, in dem wir nah genug waren, dass man den Ozean riechen konnte, fast in die Umlaufbahn geschossen. Sie hüpfte über den warmen Sand und machte einen Hechtsprung ins Wasser. Es war immer noch zu kalt für die meisten Menschen, aber Dottie interessierte sich nicht für Dinge wie »angemessene Temperatur« – sie dachte in Gleichungen wie: großes Wasser = schwimmen = JETZT!

Sarah zögerte nur einen Moment, bevor sie Dottie folgte. Nie und nimmer würde sie es zulassen, dass Dottie sich alleine amüsierte.

Mark, der immer leicht von Hunden zu beeinflussen ist, raste hinter ihnen her – und kam gleich wieder zurückgekeucht.

»Was ist?«

Er zog sein T-Shirt aus, und reichte mir Sonnenbrille und Uhr. »Kannste das mal für mich halten?« Dann sprintete er zurück zum Wasser, um mit den Hunden zu spielen.

Gracie musste wieder die Peinigung der Jüngsten

über sich ergehen lassen (»Wartet auf mich!«), und ich hatte Schuld. Ich war noch nicht fertig mit dem Sonnenschutz und brauchte noch fünf Minuten und den ganzen Rest aus der Flasche (Versuchen Sie doch mal, ein Pony bis auf den letzten Quadratzentimeter einzureiben, und das in weniger als zehn Minuten!). Als sie schließlich von Kopf bis Pfote eingeschmiert war, suchte sie den Horizont nach ihren Schwestern ab, und sie machte sie schneller aus als ich. Sie galoppierte in Höchstgeschwindigkeit auf sie zu – und kam dann quietschend am Rande des Wassers zum Stehen.

Als sie das Wasser genauer untersuchte, runzelte sie ihr Fell von der Stirn über den Hinterkopf und den Nacken hinunter in wogenden weißen Samtrollen. Sie beobachtete, wie die Wellen auf dem Strand ausliefen, tänzelte zurück, wenn sie herankamen, und ging auf den Zehenspitzen vorwärts, wenn sich das Wasser zurückzog. Immer wieder sah sie zu Sarah und Dottie hinaus, die in den Wellen plantschten, als hätten sie nie etwas anderes getan, und dann wieder hinunter auf das Wasser vor sich, wobei sie ihre schneeige Stirn noch mehr in Falten legte. Sie steckte die Pfote ein paarmal ins Wasser, und irgendwas überraschte sie dabei. Aber was?

Gleich darauf wusste ich es: Sie hielt das Wasser für eine rutschige Oberfläche wie polierten Marmorboden. Aber sowie sie merkte, dass sie mit den Pfoten durch das Wasser hindurch auf Sand treten konnte, platschte sie bis zu den Knien hinein, dann bis zur Brust und dann – und dann stand sie da so. Wie eine Statue.

»Komm Gracie, Nun komm schon, Mädchen!« winkte Mark sie aus etwa zehn Meter Entfernung heran, wo Sarah und Dottie und er mit einem Ball spielten, den irgendwer im Wasser vergessen hatte. Gracie sah zwischen Mark und mir hin und her, aber sie blieb, wo sie war – sie wollte nicht zu mir zurückkommen und ihre Niederlage eingestehen, aber sie konnte sich auch nicht vorstellen, wie sie zu Mark und ihren großen Schwestern gelangen konnte, ohne vom Großen Wasser verschluckt zu werden. Dann kam ihr wieder einmal die Natur zu Hilfe, diesmal in Gestalt einer Welle, die sich über ihr auftürmte und direkt über ihr brach.

Ich war auf der Stelle bereit, hineinzuspringen und mein Hündchen in Not zu retten (vielleicht hätte ich auch die Ehrenmedaille der Pfadfinder gewonnen), aber mein heroischer Impuls lief ins Leere. Gracies glänzender Kopf erhob sich aus der Brandung, sie schüttelte ihn, sah sich um und bemerkte, dass sie weder den Boden berührte noch unterging. Dann drehte sie sich nach Sarah, Dottie und Mark um und tat das, was für einen Hund im Wasser das nahe Liegendste ist: Sie hunde-paddelte. Und dann tat sie das, was für sie das nahe Liegendste war: Sie blieb im Wasser und spielte, bis alle anderen, die sie kannte, genug hatten. Nach mehr als einer Stunde Wasseraerobic kam sie gemächlich aus den Wellen an den Strand, legte sich neben uns in den Sand und schlief prompt ein. Für mich war es ein Tag des großen Geschäfts gewesen, aber für Gracie war es einfach ein Tag in der Sonne.

Eigentlich hatten wir den Tag San Diego für das große Abenteuer des Jahres gehalten, bis ich eines Nachts neben dem Kamin stand, wo ich mich vergeblich aufzuwärmen versuchte. Ich trank eine Tasse heißen Kaffees und hatte meine treue Gracie zur Seite. Mark lag in seiner üblichen spätabendlichen Stellung schnarchend auf der Couch, von zwei fellbesetzten Bücherstützen flankiert. Plötzlich stand Gracie auf und fing an zu bellen.

Als Gracie zu uns kam, waren ihre Sinne noch nicht fein ausgebildet. Sie schlief meistens, wenn wir abends von der Arbeit nach Hause kamen, und bemerkte Sarahs und Dotties Bellen und Herumtanzen an der Tür überhaupt nicht. Oft blieb mir Zeit, erst mal richtig anzukommen, bevor ich sie holen ging. Sie sah immer etwas betreten aus, wenn ich sie weckte, als hätte ich sie dabei erwischt, im Job zu schlampen. Doch als sie heranwuchs, schärften sich ihre anderen Sinne. Wenn sie schlief und nicht bemerkte, wie Sarah und Dottie unsere Ankunft ankündigten, so roch sie uns noch in ihrem tiefsten Schlaf. (Ich schreibe das ihrer außerordentlich guten Nase zu und nicht unserem scharfen Geruch, auch wenn ich mir nicht anmaße, für Mark zu sprechen, möchte ich doch zu Protokoll geben, dass ich ein Markendeo benutze.)

Wollte ich Gracies Aufmerksamkeit auf mich lenken, wenn ich im ersten Stock war und sie unten, dann konnte ich sie offensichtlich nicht einfach so rufen wie Dottie und Sarah (die reagierten zwar auch nicht, konnten mich aber wenigstens hören). Normalerweise musste ich Gracie im Garten suchen, hinuntergehen, quer über die Veranda in den Garten laufen und ihr auf die Kruppe klopfen. Manchmal lieferte sie mir jedoch wunderbare Beispiele ihrer scharfen Sinne. Ab und zu, wenn ich sie durch das Küchenfenster beobachtete, schoss ihre Nase plötzlich in die Luft – hoch in die Luft – und sie atmete ganz tief ein. Dann raste sie wie ein Blitz in den Vorgarten. Warum? Sie hatte den Geruch des Briefträgers wahrgenommen, der noch ein paar Häuser weiter war. Wenn ich an der Haustür anlangte, um meinen Verdacht zu bestätigen, stand der Briefträger am Rande des Bürgersteigs, vor Angst wie angewachsen. Gracie mag ja taub gewesen sein, aber es war schwer, ihr etwas vorzumachen.

Auch ihr Tastsinn war besser als bei normalen Hunden. Mir fiel zum Beispiel auf, dass ich mit einem kleinen Tappen auf den Boden ihre Aufmerksamkeit am anderen Ende des Zimmers erregen konnte. Sarah und Dottie fielen Vibrationen gar nicht auf, aber Gracie konnte sie fühlen – dann hob sie den Kopf, manchmal mitten im Tiefschlaf, als hätte sie etwas gehört. Ich fragte mich oft, ob sie vielleicht auf einer anderen Frequenz hörte oder einen höheren Ton als andere Hunde. An diesem Novemberabend bewies sie es. Obwohl sie von Natur aus keine Kläfferin war, erschütterte sie jetzt das Haus in seinen Grundmauern mit ihrem grimmigen Gebell, das aus ihrem tiefsten Inneren zu kommen schien. Ich konnte mir nicht vorstellen, weshalb sie bellte, aber ich kannte sie gut genug, um sie nicht aufzuhalten, als sie zum Hintereingang stürmte.

Als ich sie einholte, stemmte sie sich mit den Vorderpfoten gegen die Hintertür, immer noch laut bellend. Ich spähte hinaus. Der dunkle Garten war leer.

»Sieh mal«, sagte ich. »Nichts.« Ich machte das Zeichen für nichts, eine Hand, die ein imaginäres Tischtuch glättet. Sie bellte weiter.

Mark erschien, Sarah und Dottie im Schlepptau. »Warum bellt sie denn?«

»Ich weiß es nicht. Das ist eigentlich ihr Empfang für den Briefträger. Aber da draußen ist nichts.«

Ich versuchte, sie wegzuziehen, aber sie bewegte sich nicht. Ich signalisierte ihr »Aus!« und gab ihr einen Klaps, damit sie wusste, dass ich es ernst meinte. Es half alles nichts. Sie brauchte irgendwas aus dem Garten.

Schließlich dachte ich mir, *Was zum Teufel!* und öffnete die Hintertür, um sie rauszulassen. Sie jagte in den dunklen Garten hinaus. Dann hörte das Bellen plötzlich auf.

Mark und ich sahen einander an. »Ich gehe raus, wenn du mitkommst«, sagte ich verängstigt. Ich sah zur Decke hoch: *Bitte, lass ihr nichts passiert sein!*

»Wenn du rausgehst«, gab Mark zurück, »warum bleibe ich dann nicht drinnen?« Er räusperte sich. »Weißt du, um auf Sarah und Dottie aufzupassen!«

Ich schubste ihn zur Hintertür hinaus, aber nicht bevor er sich schnell mit einem Baseballschläger bewaffnet hatte. Ich konnte Gracie von der Terrasse aus nicht sehen, aber ich wusste, dass ich das Gartentor geschlossen hatte.

»Gra-cie?« sang ich im Flüsterton.

»Dan?« Mark war kurz davor, mich daran zu erinnern, dass sie taub war.

»Ich weiß«, sagte ich. »Was soll ich denn sonst tun,

damit sie auf mich aufmerksam wird? Soll ich hier im Dunklen stehen und mächtig vor mich hinstinken?«

Wir betraten den gefrorenen Rasen.

»Hilfe«, rief jemand mit einer atemlosen kleinen Stimme. »Rufen Sie Ihren Hund zurück!«

Wir gingen auf das Tor zu.

Gracie hatte einen Mann in die Ecke des Zauns getrieben, einen stämmigen Mann in einer ausgebeulten Jacke. Ihr riesiger Rachen war weit geöffnet, und sie knurrte leise grollend: »Rrrrrrrrrr …« Wie bei allen Deutschen Doggen troff ihr ordentlich viel Speichel aus dem Maul, wahrscheinlich dachte der Eindringling, sie sei tollwütig.

»Können Sie Ihren Hund hier wegrufen, *bitte*?« Der große Mann piepste seine Bitte mit einer Stimme hervor, die nahe legte, dass er nicht so viel Luft bekam.

Ich durchforstete mein Hirn nach einer Antwort, warum sich ein schwarz gekleideter Mann in einem Jogginganzug um zehn Uhr abends in unserem umzäunten Garten aufhielt. »Ich rufe die Polizei«, sagte ich und zog mich heroisch ins Haus zurück. Mark stand mit hoch erhobenem Schläger da, bereit, richtig zuzuschlagen, falls ihn der Räuber mit einem Baseball auf den Kopf hauen wollte.

Wie sich herausstellte, wurde der Mann für eine endlos lange Serie von Einbrüchen gesucht. Er war gerade ins Haus gegenüber eingebrochen, aber beim Rausschleichen bemerkt worden. Da hatte er sich gedacht, dass die verlassene Ruine von einem Haus – unseres – ein perfektes Versteck sein musste.

Großer Fehler.

Normalerweise bin ich nicht gerade der Typ, der sich großen muskulösen Kriminellen in den Weg stellt. Unter gewöhnlichen Umständen lege ich eher eine gewisse weltkluge Verbindlichkeit an den Tag. In dieser Nacht jedoch, als ich hinter meiner treuen Deutschen Dogge und neben meinem schlägerschwingenden besten Freund auf die Ankunft der Polizei wartete, fand ich mich ziemlich cool. Aber wir wissen ja, wer die wirkliche Heldin war.

Gracie, die Hündin, die ich immer zu beschützen gemeint hatte, hatte sich der Gefahr gestellt und uns beschützt. Als die Polizei den Einbrecher abtransportierte – der dankbar zu sein schien, Gracies Wut zu entkommen –, küssten und umarmten Mark und ich sie. Sie sah uns an und zog ihre Mundwinkel nach oben. Auch wenn sie inzwischen berühmt gewesen sein mag, wusste sie doch genau, dass es ihr wichtigster Job war, ihre Familie zu beschützen – uns. In dieser Nacht zeigte sie ihre echte Farbe – ein wahrhaftiges Blau. Autogrammhund oder nicht, in meinen Augen war Gracie ein Star.

Aber ein Stern leuchtet immer am hellsten, bevor er verglüht.

Mütterliche Gefühle

Ich sprach mit Mark darüber, dass Gracie in der letzten Zeit ihre Pfoten nur schleppend vom Boden bekam und ich mir Sorgen machte, dass sich das Knie, das sie sich vor Jahren bei ihrem Sturz von der Kellertreppe verletzt hatte, wieder meldete. Vielleicht sollte ich mit ihr zum Chiropraktiker gehen, der ihr im letzten Jahr helfen konnte, aber …

»Dan, sie wird alt.«

»Klar, aber sie erst neun und …«

»Ich weiß. Aber für eine Deutsche Dogge ist das alt.«

Wir waren spätabends noch in unserem neuen Büro, »Three-Dog-Welt-Hauptquartier«, wie Anne es nannte. Hinter uns lag eine erfolgreiche Sitzung mit unseren Vorstandsmitgliedern, und wir hingen noch herum, um uns mit Ron zu unterhalten, unserem neuen Generaldirektor und Präsidenten. Er hatte eine hochdotierte Position in einer der hundert führenden Firmen aufgegeben, um aus der lokalen Erfolgsstory unserer Three Dog Bakery eine amerikaweite Kette zu machen. Seit Ron im Vorstand war, war die Firma von acht auf 32 Filialen expandiert. Dazu hatte er ein Management Dream Team angeworben, dessen Anwesenheit Mark und mir die Freiheit gab, das zu tun, was uns am meisten Spaß machte: Unsere Bäckereien zu besuchen, die Öffentlichkeitsarbeit für die Firma zu machen, uns auf unsere wöchentliche TV-Show zu konzentrieren und vor allem mehr Zeit mit unseren Hunden zu verbringen. Aber selbst Ron musste ab und an mal nach Hause gehen, und jetzt saßen wir im Konferenzraum und sahen auf Kansas City bei Nacht hinunter. Dottie und Gracie waren eingeschlafen, und Sarah saß hellwach neben Marks Bein, als sei sie entschlossen, niemals eine wesentliche Entscheidung zu verpassen. Es war schwer zu glauben, wo wir waren und wie weit wir es gebracht hatten. Aber kein noch so großer Erfolg konnte Gracie vor den Auswirkungen der Zeit schützen.

Zuerst war es noch leicht zu leugnen. Ich sah Sarah an und sah all das Grau an ihrer Schnauze, das sich so deutlich von ihrem schwarzen Fell abhob, dann sah ich zu Gracie und entdeckte nicht die geringste Spur davon. Natürlich wusste ich, dass es fast unmöglich war, graue Haare bei einem Albinohund zu erkennen, aber irgendwie tröstete es mich.

Wenn man von gewissen Schwierigkeiten beim Stehen und Sitzen absah, ging es Gracie gut, sowie sie sich in Bewegung gesetzt hatte – sie wurde nur ein bisschen langsamer. Sie begrüßte immer noch alle, die sie traf, brachte immer noch dieselbe Neugier für die kleinsten Dinge des Universums auf, bedankte sich immer noch vorm Fressen und leistete mir immer noch Gesellschaft, wohin ich auch ging. Jetzt, wo wir richtige Büros hatten, konnte ich sicher sein, sie unter meinem Schreibtisch schlummernd vorzufinden, wenn sie ausnahmsweise nicht an meiner Seite klebte. Und wenn ich selbst am Schreibtisch arbeitete, hatten wir eine Lieblingsstellung: Ich zog einen Stuhl an meinen, auf dem sie – noch auf ihren Vorderbeinen stehend – ihr Hinterteil parkte, und legte ihren großen Kopf quer auf meinen Schoß.

Jetzt ging ich in die warme Ecke des Konferenzzimmers hinüber, die Gracie sich ausgesucht hatte, setzte mich neben sie auf den Teppich und streichelte ihren samtenen Rücken, während sie schlief. Ich beugte mich über ihr Ohr und flüsterte: »Manchmal werden Doggen zwölf oder dreizehn Jahre alt. Manchmal werden Doggen zwölf oder dreizehn Jahre alt.«

Mark kniete sich neben mich und sah auf ihr schlafendes Gesicht hinab. »Hey. Sie wird einfach alt, weißt du – aber sie hat noch 'ne Menge Leben vor sich.«

Ich nickte.

»Denk an Mrs. McGuire.«

Darüber musste ich lachen. Seit Byron und sie in ihr neues Heim gezogen waren, bekamen wir jedes Jahr zu Weihnachten einen langen Brief, in dem sie uns berichtete, wie es ihnen ging. Auch wenn sie inzwischen einen Gehwagen brauchte, war sie das genaue Gegenteil der Einsiedlerin, die sie gewesen war, als wir dort eingezogen. Vor ein paar Jahren hatte sie einen Lektürezirkel gegründet, der sich einmal die Woche traf. Ich stellte mir vor, wie sie die anderen Mitglieder tadelte, wenn sie sich mit den Fällen verhedderten oder falsche grammatikalische Bezüge herstellten. Und Byron würde ihr mit seinem »Arf!« Rückendeckung geben.

»Klar«, sagte ich. »Nur schade, dass es kein Altersheim für Hunde gibt.«

»Doch, sicher gibt's das«, sagte Mark. »Bei uns.«

Unser neues Haus, draußen vor der Stadt, stand auf zwölf eingezäunten Hektar Land (näher konnte man dem Hundehimmel auf der Erde nicht kommen) und hatte große, gut isolierte Fenster. Aber das Beste war, dass alle Zimmer, mit der Ausnahme von zweien, zu ebener Erde lagen. Es gab nirgends Stufen.

Als wir das Haus gekauft hatten, hatte jeder Hund systematisch das Territorium markiert, jeden Busch und jeden Halm des Geländes beschnüffelt, war den Zaun entlanggetrottet und hatte sich schließlich in die Sonne auf die hintere Terrasse gelegt. Das Leben auf dem Land gestattete den Mädchen, alles zu tun, wofür Gott Hunde erschaffen hat. Die frische Luft schien sogar Gracie mehr Energie zum Herumtoben zu verleihen.

Ich wusste, dass das Landleben den Mädchen, vor allem Gracie, gut tun würde. Was ich nicht geahnt hatte, war, wie gut es mir tun würde. Zum ersten Mal in meinem Leben als Erwachsener schaltete ich herunter. Es war klar, dass ich nicht ewig mit Gracie zusammen sein konnte, und das Herunterschalten gewährte mir mehr Zeit mit ihr. Wenn das Wochenende anrollte und wir nicht unterwegs waren, erlaubte ich mir tatsächlich, zu faulenzen und gar nichts zu tun. Ich hatte kein Bedürfnis, ins Auto zu springen und zu einem Laden, Restaurant oder zu Freunden zu fahren, geschweige denn in die Firma. Aber ich verspürte den starken Wunsch, einfach zu Hause zu bleiben. Und nichts im Leben war schöner, als auf der Terrasse in der Sonne zu liegen,

Gracie neben mir, und dem Wind und den Bienen zu lauschen. Oder mir nachts das sternenübersäte Firmament anzusehen. Nie hätte ich gedacht, dass der Kosmos so viele Sterne barg.

Doch gab es noch andere Dinge, die zu erwägen waren. Wie etwa die Frage der Nachfolge. Ron brachte das Thema eines Abends sehr vorsichtig zur Sprache. Wir standen auf dem Parkplatz.

»Jungs, wir müssen etwas besprechen, von dem ich weiß, dass es wehtun wird. Wir müssen das Problem heute nicht lösen, aber ich möchte es zumindest einmal ansprechen.«

Ich hielt den Atem an.

»Es geht um die Mädchen«, fuhr Ron fort. »Ihr wisst wahrscheinlich, worauf ich hinaus will.«

Ich wusste es nicht, und ich war mir sicher, dass ich es auch gar nicht wissen wollte.

»Ich liebe sie alle drei«, sagte er. »Ich glaube nicht, dass man sie mehr lieben könnte, als ich es tue. Aber sie werden nicht jünger. Und irgendwann in der nahen Zukunft müssen wir darüber nachdenken, ob sie Nachfolgerinnen haben sollen oder nicht.« Ron atmete schwer aus, als habe er schon lange darauf gewartet, uns darauf anzusprechen.

»Ich weiß«, sagte Mark. »Ich weiß es ja. Ich denke schon seit einer Weile darüber nach, und ich bin mir sicher, Dan tut es auch.« Er sah mich an.

»Oh ja.« Ich lächelte schwach, weil ich das Vermögen zu sprechen verloren hatte.

Ron gab mir einen Klaps auf die Schulter. »Das freut mich. Es muss ja auch nicht heute entschieden werden. Ist nur Gedankenfutter.«

Das war eher milde ausgedrückt. So wenig Mark und ich uns damit auseinander setzen wollten, so hatten sich doch Millionen von Leuten in Amerika daran gewöhnt, Sarah, Dottie und Gracie bei unseren großen Eröffnungen und Publicity-Reisen zu sehen. Die Menschen hatten die Mädchen bei Oprah Winfrey gesehen, bei Conan O'Brien, in der Today Show, auf CNN und in Dutzenden anderer Shows, von unserer eigenen einmal abgesehen. Wenn Sie bedenken, dass dazu noch die Photos und Geschichten in den Hunderten von Zeitungen und Zeitschriften kamen, dann können Sie vielleicht verstehen, dass wir in manchen Wochen mehr als 6000 E-Mails und Briefe bekamen! Ja, Mark und ich bekamen auch ein paar ab, aber die Mehrzahl war an Sarah, Dottie und Gracie adressiert. Außerdem waren die Mädchen auf unserer Website zu sehen, auf unseren Verpackungen, Firmenbroschüren, auf den Etiketten, in unserem Hundekatalog ... und hatte ich eigentlich schon erwähnt, dass die Firma Three Dog Bakery heißt? Es gab keinen Weg drum herum: Die Firma, das waren Sarah, Dottie und Gracie.

Beim Mittagessen am nächsten Tag in unserem Lieblingsimbiss nahmen wir das Thema wieder auf (sie haben dort hausgemachte Pommes frites, die richtig kross sind).

»Also, was sollen wir machen?« fragte ich Mark. »Sollen wir jemand zur Rollenbesetzung für Hunde, die Sarah, Dottie und Gracie ähneln, anstellen? Macht ihr das auch, wenn mich ein Lastwagen überfährt? ›Hallo! Dan kann heute leider nicht bei uns sein, aber hier ist sein eineiiger Zwillingscousin, Stan.‹ Ist das der Plan?«

Mark hatte diesen abwesenden Blick und sagte nichts.

»Nun?«

»Ich denke nach!« Er blinzelte, um es zu beweisen. »Ich glaube, Don wäre besser.«

»Klar, du bist witzig. Mann, ich mach mir gleich in die Hose!«

»Weißt du was? Überleg doch mal! Wir haben jetzt all diesen Platz, so viele Morgen für einen abenteuerlustigen Welpen, und die Anleitung dreier weiser ausgewachsener Hundetanten. Wir erzählen doch dauernd, was für eine gute Tat es ist, einen verstoßenen Hund aufzunehmen. Vielleicht ist es an der Zeit, dass die Mädchen Gesellschaft bekommen.«

Meine beiden Doggen

Weil Doggen nicht so lange leben, wusste ich, dass es logisch war, zuerst eine Erbin für Gracie zu suchen. Logik machte das Ganze nicht besser, aber mich tröstete der Gedanke, dass wir einen wunderbaren Welpen finden würden, der in Gracies Pfotenstapfen trat.

»Zwei Bedingungen«, sagte ich. »Es muss eine Deutsche Dogge sein. Und sie muss aus dem Tierheim kommen – kein Kauf beim Züchter. Und es muss ein Welpe sein. Das ist alles.«

Mark zog eine Braue hoch. »Das sind drei Bedingungen.«

»Willst du es leichter oder schwerer machen?«

Wie sich herausstellte, machte Mark die Sache leichter. Er hatte die brillante Idee, auf unserer Website bekannt zu geben, dass wir eine Nachfolgerin (doch Gott weiß, keinen Ersatz) für Gracie suchten. Wir waren von der Lawine von E-Mails, Briefen und Postkarten überrascht, die an Gracie gerichtet waren und ihr gute Besserung wünschten oder die an uns gerichtet waren und sich in unsere Lage einfühlten.

Eine Woche später blätterte Mark durch die etwa dreihundert Photos, die wir bekommen hatten, und dabei entdeckte er sie. Sie hieß Claire. Sie war mager. Sie war klein. Sie war ein Albino. Und sie war taub. Ihr Bild und ihre Geschichte kamen vom Heim für Deutsche Doggen in Houston – sie schrieben, sie habe bei einer Gruppe verwahrloster Obdachloser in Beaumont gelebt und sei unglaublich süß und liebenswert. Sie warnten uns sogar ganz explizit: »Wenn Sie sich nicht sicher sind, dann kommen Sie lieber nicht – wenn Sie kommen, haben Sie nämlich keine Chance, ohne sie abzureisen.« Sie warnten uns auch in einer anderen Hinsicht: »Sie glaubt, die Welt sei ein einziger Lutscher.«

Ich gab Mark den Brief zurück. Er überflog ihn in zehn Sekunden, sah hoch und hatte so etwas Dringliches im Blick. »Den Hund müssen wir haben!«

Nun, er hatte sich auf sie eingeschossen. Sollte ich deswegen mit ihm streiten?

Wie es das Pech so wollte, mussten wir in den nächsten drei Tagen unsere Show aufnehmen. Wie es das Glück (und eine gute Erziehung plus ein guter Charakter) wollte, sprang Neffe Nummer eins für uns in die Bresche.

Michael war einer von Gracies besten Freunden, und in der Minute, in der er erfuhr, dass wir Hilfe brauchten, meldete er sich freiwillig, um Claire abzuholen.

Am Abend kam er zum Essen bei uns vorbei und verbrachte zwei Stunden mit Gracie vorm Kamin. Er erklärte ihr, was er vorhatte und warum das ihre Beziehung nicht im Geringsten verändern würde. Gracie antwortete, indem sie mit dem Schwanz wedelte und ihren Kopf in seinen Schoß legte, während er ihr den Bauch streichelte.

Michaels Worte waren ein Echo meiner eigenen Gedanken. Ich war gespannt auf das neue Mitglied unseres Tierkönigreiches, aber zugleich machte ich mir Sorgen, Gracie könnte denken, dass ich sie weniger liebte. Ich hätte mir allerdings keine Sorgen zu machen brauchen, Gracie hatte mir noch einiges über wahre Liebe beizubringen.

Drei Tage später standen wir in der Auffahrt, um die Liebe in Form einer 20 Pfund schweren weißen Lumpenpuppe namens Claire kennen zu lernen.

Mark und ich standen an der Haustür – wir hatten die Mädchen drinnen gelassen –, als Michael Claire behutsam auf der Kiesvorfahrt absetzte, auf uns zeigte und ihr einen kleinen Klaps gab, damit sie loslief.

Wir hatten ja Erfahrung mit tauben Hunden und machten große Bewegungen auf uns zu, und sie kam – fast kriechend zwar, weil sie jeden Kieselstein auf dem

Weg eingehend untersuchen und ablecken musste, aber sie kam.

Während Mark Photos machte, ging mir durch den Kopf, woher sie kam und was sie alles durchgemacht haben musste. Ich dachte an Gracies Welpenzeit zurück und wie ich sie einsam und unbeachtet auf dem kalten Zementboden liegend gefunden hatte. Da konnte ich mich nicht mehr halten, ich rannte hin und hob Claire hoch.

Mark und Michael und seine Freunde scharten sich um uns. Sie sprachen über ihre Reise und wie sie es geschafft hatten, die 16 Stunden reine Fahrtzeit in 17 Stunden inklusive Pausen runterzureißen, auf dem Hinweg wie auf dem Rückweg. Aber ich war abgetaucht in meine eigene Welt mit Claire, die mir das Gesicht ableckte. Ich konnte nicht glauben, wie klein sie war. Ich habe Tausende von Hunden gesehen, davon viele kleine Hunde, auch viele Welpen, aber es war schon so lange her, dass einer von meinen Hunden so klein gewesen war!

Mark grinste: »Man vergisst, dass sie in dieser Größe kommen, stimmt's?«

»Ja, komplett.«

»Wir sollten uns daran freuen, solange es dauert – wie wir von Gracie wissen, dauert es nicht lange.«

Die Mädchen waren daran gewöhnt, dass manchmal streunende Hunde bei uns übernachteten, bis wir ein neues Zuhause für sie gefunden hatten. Ab und zu schliefen auch Hunde von Freunden bei uns.

Die Jahre hatten sie gezähmt, verglichen jedenfalls mit ihren Halbstarkenzeit – sie explodierten nicht vor Aufregung bei der Ankunft jeder neuen Schnuppernase, und in jedem Fall schalteten sie nicht auf Alarmstufe, wie Sarah und Dottie es getan hatten, als Gracie zu uns gekommen war. Was sich aber nicht verändert hatte, war ihre immense Neugier. Als ich Claire das erste Mal in ihrer Gegenwart absetzte, taten sie alles – sie beschnupperten jeden Zentimeter ihres Körpers, drückten ihre großen Schnauzen in ihren kleinen Bauch, unterzogen sie dem Geschmackstest und erkundeten ihre sonstigen Welpenqualitäten. Wir hatten Glück: Sie bestand den Test. Aber die Musterung war noch nicht beendet.

Jedes Mal, wenn Claire aufstand, um ihre neue Umgebung zu inspizieren, folgten die Mädchen ihr mit den Augen. Wenn sie sich zu weit entfernte, standen sie auf und folgten ihr, um zu sehen, was sie vorhatte. Wenn Claire irgendetwas zu nahe kam, was die Mädchen als ihr »Eigentum« betrachteten, dann knurrten oder kniffen sie sogar leicht. Ich wollte mich nicht einmischen – ich wollte, dass Claire diese Regeln begriff. Und da sie gerade mal drei Monate alt war und eigentlich allen gefallen wollte, gab sie fast immer ohne Protestgekläff nach. Um die Maximen nicht zu unterwandern, respektierte ich ihre Rangfolge – ich fütterte Sarah zuerst, dann Dottie, dann Gracie und zuletzt Claire –, so dass niemand sich bedroht oder falsch behandelt fühlte.

Aber Claire hatte ihren eigenen Radar, und auf ihrem Schirm tauchte von der ersten Nacht an vor allem Gracie auf. Ich weiß nicht, ob sie instinktiv irgendwie verstand, dass sie beide Albinos, blauäugig und taub waren. Sie spürte vielleicht einfach, dass Gracie trotz ihrer Größe die treuherzigste von den dreien war. Wie auch immer, Gracie war ihr Vorbild, so wie Dottie Gracies gewesen war. Und wie Gracie es früher gemacht hatte, so tat Claire jetzt alles, um Gracies Schatten zu werden – sie folgte ihr überallhin, versuchte alles zu tun, was Gracie tat, wann und wie sie es tat. Die einzige Abweichung bestand darin, dass Gracie manchmal ein Nickerchen machte, und nach ein paar Minuten ernster Imitierversuche begann Claire rastlos zu werden. Dann stand sie auf und erforschte ihre Umgebung. Manchmal fragte ich mich, ob Claire glaubte, dass Gracie ihre Mama sei. Und dann kam mir eines Tages der Gedanke, dass Gracie vielleicht dasselbe dachte.

Das Erste, was mir auffiel, war, dass Gracie Claires hartnäckige Anhänglichkeit nichts auszumachen schien. Vielleicht war es die Familienähnlichkeit, vielleicht war es auch, weil Claire so klein war (schwer vorzustellen, wo sie heute mit ihren 110 Pfund vor mir steht). Höchstwahrscheinlich erinnerte sie sich noch daran, wie es war, die Neue im Rudel zu sein, und wollte sichergehen, dass Claire es leichter hatte. Sie ließ sich jedenfalls Sachen gefallen, die Sarah und Dottie nicht zwei Sekunden geduldet hätten.

Manchmal war's *Attacke!* Dann kam Claire ganz langsam näher und hüpfte plötzlich hoch, den Rumpf in der Luft, die Vorderbeine gestreckt. So versuchte sie, Gracie zum Spielen zu animieren. Zuerst sah Gracie den Grünschnabel an ihrer langen Nase entlang an: Du beliebst zu scherzen. Aber nach ein oder zwei Tagen spielte sie mit. Sie ging auf alle Stellungen des Hundekampfsports ein, als sei diese Puppenversion ihrer selbst tatsächlich ein vollwertiger Gegner.

Manchmal spielten sie auch *Kriegsbeute.* Claire trottete hoch erhobenen Hauptes mit ihrer wuscheligen Stoffschlange im Maul auf Gracie zu, die sie herausfordernd auf Gracies Pfoten fallen ließ: Ich wette, du hast zu viel Angst vor mir, um *Kriegsbeute* zu spielen. Gracies Blick bohrte sich erst auf Claire, dann auf die Schlange, dann wieder auf Claire: Kannst du nicht jemand von deiner eigenen Größe zum Spielen finden? Aber Claire war hartnäckig und zerrte die wuschelige Schlange immer wieder zu Gracie, selbst wenn sie sich abwandte, und irgendwann gab Gracie nach, ohne auch nur eine Sekunde zu erkennen zu geben, dass sie die Schlange und Claire mit einer Drehung ihres majestätischen Kopfes quer durch den Raum schleudern konnte.

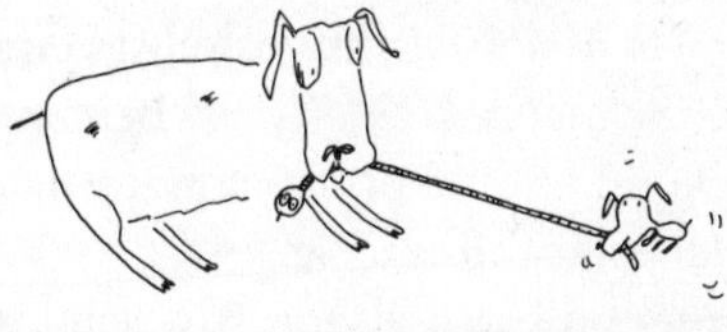

Ihr Lieblingsspiel hätte mich alarmiert, wenn Claire es nicht mit Gracie gespielt hätte: *Löwenbändiger.* Claire sprang in die Luft und schlug dabei ein paar Mal leicht gegen Gracies Maul, als versuche sie, ihr Fressen aus dem Rachen zu klauen. Nach ein paar Minuten öffnete Gracie dann immer ihren gewaltigen Schlund, als wolle sie Claires ganzen Kopf verschlucken, und tat auch so, als beiße sie zu, wenn auch noch so sanft. Wenn ich meinte, Claire müsse zu Tode erschrocken sein, hüpfte sie ein paar Mal um Gracie herum und tanzte einen wahren Freudentanz, bevor sie wieder kam, um »es« noch mal zu machen.

Da Gracie nie versucht hatte, über Laute Aufmerksamkeit auf sich zu ziehen, verschwendete sie auch jetzt nicht ihre Zeit, indem sie Claire anbellte, wie Sarah und Dottie es taten. Wenn sie wollte, dass Claire mit irgendetwas aufhörte (sich in der Kaminasche zu wälzen zum Beispiel), schlenderte sie zum Tatort, packte Claire im Genick und schleppte sie weg. Manchmal kam ein Kniff in den Bauch dazu, der sich ungefähr mit *Vergiss das bitte nicht wieder!* übersetzen ließ. Aber ab und an bekundete sie wirklich Missfallen, und in diesen Momenten knurrte sie geräuschlos.

Claire machte damit schon in der ersten Nacht Bekanntschaft, als sie ihr Glück im Schlafzimmer auf die Probe stellte. Wir hatten ihr ein kleines Bett in Puppengröße besorgt, aber sie wollte bei Gracie schlafen. Als sie es das erste Mal versuchte, schubste Gracie sie mit der flachen Schnauze wieder raus. Beim zweiten Mal kniff Gracie sie und schubste sie noch mal raus. Das nächste Mal war Stufe drei angesagt: Gracie zog ihre Lippen zurück und kräuselte die Nase lautlos – so knurren sich taube Hunde überall auf der Welt an. Claire verstand das lautlose Knurren instinktiv und wich zurück, aber nicht weit – sie schob sich mit dem Hinterteil voran etwas zurück und sah Gracies strengen Ausdruck mit traurigen Welpenaugen an. Nach etwa einer Minute Blickkontakt gab Gracie auf. Sie wandte den Kopf ab. Als Claire ganz schüchtern wieder in Gracies Bett kam und sich gegen Gracies Bauch kuschelte, bewegte Gracie sich nicht. Ich glaube, sie tat so, als bemerke sie den kleinen Wurm gar nicht. Aber später, als Claire ihren runden Körper in einen festen Miniball gerollt hatte und sich im Schlaf gegen Gracie drückte, wandte sich Gracie ihr wieder zu und lag vollkommen ruhig, wobei sie sie liebevoll ansah.

Und dann besiegelte ein Ereignis die Mutter-Tochter-Bande zwischen den beiden.

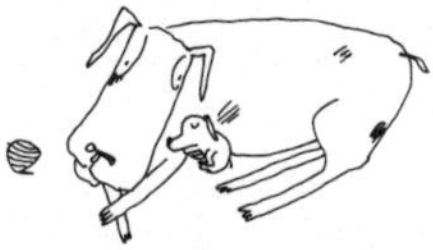

EINE BETRUNKENE TÖLE

Die Mär von Claires Kampf gegen den Alkohol begann unschuldig genug. Zu Ehren Claires feierten wir mit Freunden und Familienmitgliedern Halloween. Es gab ein paar Kleinigkeiten zu essen und riesig viel zu trinken, darunter auch etwas für die menschlichen Gäste. Die meisten hatten Claire vorher noch nie gesehen, und sie überhäuften sie mit den Küssen und Streicheleinheiten, die ihr zustanden. Die Party war ein voller Erfolg.

Am nächsten Morgen stand ich – trotz eines Katers in Stärke 10 auf der Richterskala – tapfer auf, um Claire und ihre Tanten, Sarah und Dottie, in den Garten zu lassen. (Gracie hatte beschlossen, mir Gesellschaft zu leisten, für den Fall, dass ich Hilfe benötigte.)

Ich war gerade wieder in das abgetaucht, was die Penner aus der Bowery Schlaf nennen, da hörte ich ein dumpfes Rumsen. Dann noch einmal: rums.

In den Tiefen meiner alkoholverderbten Seele regte sich nicht das kleinste Quäntchen Neugier, woher dieses Geräusch rühren mochte. Mir war alles egal – da hätte ein Kobold einen nuklearen Sprengkopf mit einem Poloschläger bearbeiten können –, solange ich nur nicht aufstehen musste. Ich hatte mich gerade in eine wunde Bewusstlosigkeit fallen lassen, als ein noch lauteres RUMS mich wieder zu mir brachte. Langsam dämmerte mir, wenn ich mich nicht auf lauter 45-Sekunden-Schläfchen einlassen wollte, musste ich erst die Ursache der Geräusche eruieren und sie vernichten.

Also folgte ich dem Gerumse zur Hintertür und sah durchs Fenster. Dort kauerten Sarah und Dottie in einer Ecke und beobachteten allem Anschein nach Claire (ich konnte sie aus meinem Winkel nicht sehen), wie sie etwas Böses tat, und zwar etwas richtig Böses, mit dem Potential, sie alle zusammen reinzureißen. Ich hörte noch ein RUMS und öffnete die Tür.

Claire stand vor mir auf der Veranda. Sie hatte mir ihr Hinterteil zugewandt, so dass sie nicht bemerkte, dass ich sie beobachtete. Einer der vielen Orte, an denen wir Bier für die Party gelagert hatten, war eine gigantisch große Wanne, die mit Eis bestückt auf der hinteren Terrasse gestanden hatte. Als es am Morgen allmählich wärmer wurde, trieben die restlichen Bierdosen in ihrem kalten Bad. Claires Kopf war durchnässt, Wasser tropfte von ihrem Fell in die Wanne, während sie sich eine Dose schnappen wollte. Wenn sie eine Dose gekriegt hatte, hob sie sie aus der Wanne und ließ sie fallen. Das Aufschlagen auf die Holzterrasse verursachte ein widerhallendes RUMS.

Dann nahm sie das Bier hoch, biss sich durch das alberne Aluminium und leckte den herausspritzenden Schaum ab. Ich sah mir den Garten an – er war mit deutlich mehr als ein Dutzend Büchsen übersät, jede Einzelne von ihnen hatte die charakteristischen vampirähnlichen Einstichstellen, aus denen ihr Inhalt hervorquoll. Und Claire? Claire war, um es mal schonend auszudrücken, absolut zu. Blau wie eine Haubitze.

Sie schwankte los, als ich hinter sie trat und ihr einen Klaps auf die Hüfte versetzte. Sie erschrak, fegte wie ein Blitz von der Terrasse und versteckte sich hinter dem Grill, während ich ihre malträtierte Beute entfernte und mich wieder in meinen Unterschlupf begab: Ich hatte meinen eigenen Kater zu pflegen. Aber Claire blieb sich nicht selbst überlassen.

Gracie war mir nach draußen gefolgt, zu Claire hinübergegangen und hatte ihren wackeligen kleinen Körper sanft in Richtung Haus gelenkt. Sie führte Claire zu ihrem eigenen Bett und wickelte ihren gewaltigen Körper vorsichtig um Claires kleinen. So bewachte sie Claire in den nächsten Stunden und verzichtete auf ihren Nachmittag im Freien. Schließlich wachte Claire auf, da eskortierte Gracie sie zu ihrem Wassernapf und nach draußen. Als sie wieder reinkamen, war Claire immer noch ein bisschen grün um die Nase, und Gracie rollte sich wieder mit ihr im Bett zusammen.

Als Claire zu uns stieß, hatte ich mir Sorgen gemacht, dass Gracie die Aufmerksamkeit, die ich dem neuen Welpen in der Meute zukommen ließ, vielleicht übel nehmen würde. Jetzt, wo Gracies abgöttische mütterliche Liebe zu Claire deutlich wurde, fragte ich mich, ob ich das nicht vielleicht gegen mich verbuchen sollte.

Die Wahrheit war, dass Gracie genauso glücklich zu sein schien, wenn ich mich mit Claire beschäftigte, wie wenn sie es selber tat. Sie schien etwas zu wissen, was ich gerade erst zu lernen begann: dass Liebe keine im Voraus festgelegte Größe ist – je mehr du gibst, desto mehr hast du zu geben.

Gute Nacht, Gracie

Nachdem Claire wieder ausgenüchtert war, wurden Gracie und sie unzertrennlich. Es war nicht nur, dass sie Gracie überallhin wie ein Schatten folgte. Wo immer Gracie hinging, vergewisserte sie sich mit einem Blick über die Schulter, dass Claire in ihrer Nähe war. Die Beziehung zwischen meinen beiden Doggen war wie ein Geschenk, wenn auch ein bittersüßes: Gracies Gesundheit begann zu schwinden.

Ich bemerkte, dass es sie mehr Anstrengung kostete, aufzustehen und sich niederzulassen. Ich konnte tatsächlich ihre Gelenke knacken hören, wenn sie aufstand. Zuerst war es nur ganz leicht zu hören, als wickele jemand ein hartes Bonbon aus, aber wenn ich ihr dabei ins Gesicht sah, dann konnte ich sehen, dass sie es spürte. Im Laufe des letzten Jahres war das Knacken zunehmend lauter geworden.

Mir hatte es immer Spaß gemacht, Gracie zuzusehen, wie sie sich niederließ, egal was sie vorhatte: ob sie einen Käfer untersuchen wollte oder einen Grashalm, ob sie meditieren oder sich einen Film mit mir ansehen wollte, oder ob sie sich für die Nacht zum Schlafen legte. Mit ihren langen, ja fast menschlichen Gliedmaßen kam sie mir manchmal wie ein Mensch vor, der einen Hundeanzug trägt. Zur Schlafenszeit war sie jedoch Hund pur: Wenn sie in ihr Bett ging, drehte sie zwei oder drei enge Kreise, wobei sie die Kissen niedertrampelte (wahrscheinlich um alle Huckel zu glätten, die sich im Laufe des Tages dreist genug gebildet hatten); dann, wenn sie exakt die richtige Stelle gefunden hatte, wackelte sie mit dem Hinterteil, ließ sich runter und war innerhalb von Sekunden eingeschlafen.

Diese Prozedur blieb bis auf das Hinlegen selbst unverändert. Aber als ihre Gelenke schwächer wurden, hatte sie Probleme, die Geschwindigkeit zu kontrollieren. Eigentlich hatte es im letzten Monat gar kein Absenken mehr gegeben, nur noch ein Kollabieren. Sie stürzte einfach mit einem Wumm auf die Kissen. Jedes Mal, wenn das passierte, schien es sie zu erschrecken, als habe sie das Mal davor vergessen, und das Mal vor jenem; und anstatt einfach in den Schlaf zu fallen, wie sie es vorher getan hatte, riss sie ihre blauen Augen plötzlich ganz weit auf, vielleicht in dem Versuch herauszufinden, wer sie geschubst hatte. Dann lag sie eine Weile mit geöffneten Augen da, bevor sie beschloss, dass es okay war zu schlafen.

Von ihren Problemen beim Aufstehen und Hinlegen einmal abgesehen, schien ihr der Sprit auszugehen. Wenn wir sie in Ruhe ließen und Claire sie nicht wegziehen konnte, hatte Gracie nun den Hang zu schlafen. Ein paar Wochen lang hatte ich mich bemüht, sie mit einem langsamen Abendspaziergang etwas aufzulockern. Wir liefen die Auffahrt bis zur Kiesstraße hinunter und mäanderten müßig, wobei Claire buchstäblich in Kreisen um uns herumlief. Gracie ging weder vor noch hinter mir, sie lief immer an meiner Seite.

Die Auffahrt war fast einen halben Kilometer lang, deswegen war es ein ziemlich langer Spaziergang für Gracie. Wenn wir am Haus ankamen, hechelte sie meistens und wollte nur noch Wasser und ihr Kissen, aber ich hatte nicht ein einziges Mal den Eindruck, dass sie lieber zu Hause geblieben wäre. (Claire dagegen sah den Spaziergang als Aufwärmphase für einen Marathon an, sie war jetzt bereit zu rennen!)

Es dauerte vielleicht einen Monat, dann ging Gracie die Energie für diese Spaziergänge aus. Ich kürzte unseren Ausflug auf zwei Drittel, und einen Monat später waren wir bei der Hälfte angekommen. Aber wenn wir dann ins Haus zurückkamen, war sie so erschöpft, dass ich merkte, sie tat es nur meinetwegen. Sie meinte, ich bräuchte sie auf meinem Spaziergang. Ich fing an, mir Sorgen zu machen, dass Claires Tempo beim Toben für Gracie zu anstrengend war, deswegen ließ ich sie im Haus und verbrachte diese Zeit nur mit Gracie. In der nächsten Woche verkürzte ich den Weg auf ein Viertel der Auffahrt, aber selbst das war offensichtlich zu viel – danach lag sie fünf Minuten auf der Terrasse und atmete schwer, bevor sie versuchte, sich aufzurappeln und ins Haus zurückzugehen. Also hörte ich auf, sie zu dem Spaziergang zu drängen. Am Abend, wenn ich von der Arbeit nach Hause kam, stellten wir beide uns zusammen auf die Terrasse und lauschten dem Wind. Beziehungsweise hörte ich ihm zu und Gracie reckte ihre große Nase in die Luft, sie las den Wind. Mir wurde bewusst, dass ich vorher noch nie einfach nur dem Wind zugehört hatte. Nacht um Nacht wurde mir klarer, wie viel es wahrzunehmen galt – nicht nur ab und an ein Auto in der Ferne oder die Säugetiere, Insekten und Vögel, sondern das Singen des Windes in den Blättern und Gräsern. Er flüsterte mir etwas ins Ohr und kitzelte uns sanft.

Wenn ich Claire dann schließlich erlaubte, sich zu uns zu gesellen, hatte sie je nach Stimmung verschiedene Weisen, sich auf Gracie zu beziehen. Manchmal lief sie wie aufgezogen um Gracies lange Beine herum, während Gracie still wie eine Statue stand. Und manchmal, wenn sie besonders süß war, stellte sich Claire nah an Gracie und hielt die Schnauze hoch in die Luft, schnupperte ganz ruhig mit uns die Abendluft, zufrieden, so nah an ihrer Gefährtin zu sein. Es war, als wisse sie, dass Gracie jetzt mehr denn je auf unsere Freundschaft angewiesen war. Ich war stolz zu sehen, was für ein sensibles und warmherziges Mädchen Gracie großgezogen hatte.

Eines Nachts gegen Ende des Jahres nahm es mit Gracie eine Wendung zum Schlechten. Es war zur Schlafenszeit, und Gracie ging durch dieselbe Routine wie eh und je – herumkreisen, stampfen, innehalten, mit dem Hinterteil wedeln und sich fallen lassen. Aber dieses Mal hatte sie ihre Position falsch eingeschätzt und ihr Hinterteil schlug hart auf den Boden. Sie keuchte schwer, als habe ihr etwas den Atem genommen, aber anstatt sich umzusehen, welcher Grobian Schuld hatte, sah sie mich an.

Es war der traurigste Blick, den ich je gesehen hatte. Es war wie ein Eingeständnis ihrer Sterblichkeit – ihr selbst und mir gegenüber: Unsere gemeinsame Reise näherte sich dem Ende.

Ich wollte unbedingt etwas tun, also brachte ich sie zu Dr. Franklin, unserem neuen Tierarzt, seit wir auf dem Land wohnten. Er war überrascht, wie gesund Gracies Organe für eine Deutsche Dogge ihres Alters noch waren, aber trotzdem war es klar, dass irgendetwas Gravierendes vorlag, und er versprach, mich am nächsten Tag wegen der Laborbefunde anzurufen.

Er bestätigte Gracies Botschaft. Ihr Herz und die anderen Organe waren in Ordnung, aber sie litt unter einer sich verschärfenden Nervenkrankheit, die sich im ganzen Körper ausbreitete. Vorsichtig skizzierte mir der Tierarzt den weiteren Verlauf in den nächsten Wochen.

Vor zehn Jahren war Gracie als springlebendiges Hündchen in mein Leben getreten. Nur ein paar Tage nach unserem Besuch bei Dr. Franklin konnte sie sich hinten schon nicht mehr runterlassen, um sich zu erleichtern, ohne die Kontrolle zu verlieren und hinzufallen. Wir besorgten ein Spezialgeschirr, das wir um Hinterbeine und Rumpf anlegten, um sie zu stützen, und eine Woche später konnte sie ohne das Geschirr schon gar nicht mehr laufen.

Claire klebte in dieser Zeit regelrecht an ihr – sie ließ Gracie nie länger als zehn Minuten allein. Wenn ich Claire rausließ, sprang sie herum, als hätte sie keine Sorge auf der ganzen Welt, nach ein paar manischen Minuten kam sie jedoch ins Haus und zu Gracie zurück. Vielleicht hatte sie die medizinischen Details nicht verstanden, aber sie wusste genau, dass Gracie sie brauchte. Ich fand sie oft, wie sie direkt vor Gracie lag und ihr traurig ins Gesicht starrte. Ein paar Mal schleppte sie die wuschelige Schlange an, aber Gracie konnte sich kaum noch bewegen, geschweige denn *Kriegsbeute* spielen. Nach dem zweiten vergeblichen Versuch legte Claire die Schlange neben Gracie und ließ einen Klagelaut hören. Es war ein herzzerreißender Ton, der mir durch und durch ging. Claire verlor ihre Mutter und ich meine beste Freundin.

Ich wusste, dass der Tag näher rückte. Ich wollte nicht, dass sie einen Tag zu lange litt, aber den Gedanken, mich vielleicht zu früh von ihr zu verabschieden, konnte ich auch nicht ertragen.

»Wir werden wissen, wenn die Zeit gekommen ist«, sagte Mark. »Wir werden es einfach wissen.« Ich sah den Schmerz in seinen Augen, und da wusste ich, dass er Gracie genauso liebte wie ich.

Es war mir verhasst, in Gracies Leben Gott zu spielen. Ich wollte den Mond anheulen. Wer zum Teufel war ich denn, dass ich entscheiden sollte, wann sie zu sterben hatte? In den nächsten zwei Wochen kam ich auch über Mittag nach Hause; und abends hetzte ich mich, denn ich wusste, dass sie sich jetzt schon nicht mehr anders betten konnte. Ich legte ihr immer zuerst das Geschirr an, dann half ich ihr hoch und hinaus, damit sie ihr Geschäft verrichten konnte. Dann humpelten wir ins Haus zurück. Ich vergewisserte mich, dass sie sich jetzt auf die andere Seite legte, das war besser für den Kreislauf und entlastete ihre alten Gelenke.

Und selbst jetzt noch, wo sie nicht mehr alleine stehen konnte, hellte sich ihr Gesicht auf, wenn ich nach Hause kam. Trotz ihrer Schmerzen schien sie nicht im

Geringsten desorientiert. Es war nur so, dass ihr Körper sie im Stich ließ.

In der letzten Woche hatten wir Gracie den Napf an ihr Lager gebracht. Sie aß im Liegen. Claire schien das entsetzlich zu verunsichern. Sie selbst aß – genau wie Gracie – ein Krümelchen nach dem anderen, dann ging sie zu Gracie, um sie zu beobachten, dann wieder zurück zu ihrem Napf. Aber sie hatte aufgehört, mit Gracie zu spielen. Tatsächlich hatte sie überhaupt aufgehört zu spielen.

Jetzt war die zweite Januarwoche angebrochen, und allmählich griff die Krankheit auf Gracies Vorderbeine über. Ihre Vorderpfoten begannen sich einzukrümmen, und sie verlor sehr schnell jegliche Kontrolle über sie. Es war eine Sache, ihren enormen Körper hinten mit Hilfe der Schlinge hochzuhieven, aber jetzt, wo die Vorderbeine nicht mehr mitmachten, mussten wir sie zu zweit auf ihre Pfoten stellen.

Mark nahm sie vorne, ich nahm sie hinten oder umgekehrt. Das Problem war gar nicht so sehr, dass sie so schwer war, sondern eher, dass sie sich nicht mehr alleine bewegen konnte. Ich wusste, dass ihr das Ganze überhaupt keinen Spaß mehr machte. Immerhin leistete sie keinen Widerstand oder wehrte sich auch nur im Geringsten, sie versuchte vielmehr mitzuarbeiten und ein gutes Mädchen zu sein. Doch dann verschlimmerte sich ihr Zustand noch mehr.

Eines Morgens wachte ich auf und fand sie hilflos in ihren eigenen Exkrementen liegend vor. Zum ersten Mal hatte sie die Kontrolle über ihre Körperfunktionen verloren. Und ich spürte die Schmach des Ganzen. Sie war so ein stolzer und anspruchsvoller Hund. Ich streichelte sie, machte sie wieder sauber und streichelte sie noch mehr, um sie wissen zu lassen, dass sie nichts falsch gemacht hatte und ich ihr nicht böse war ... Dann sah ich ihr in die Augen. Es war derselbe Blick, dieselbe Scham, die sie empfunden hatte, als sie auf dem harten Boden aufgeschlagen war, nur gesteigert.

Wie ich so neben ihr lag, sie streichelte und Oooohs in ihr Ohr sang, fühlte ich mich, als hätten sich zwei Orangen in meiner Kehle festgesetzt. Dann hatten meine Augen ein Leck. Dann hielt ich meinen Hund, meine schöne, geliebte, inspirierende, wunderbare Gracie und schluchzte. Ich weinte wie ein kleines Kind. Die Zeit war gekommen.

Ich stand auf, wusch mir das Gesicht, rief Dr. Franklin an und fragte ihn, ob er gegen ein Uhr am nächsten Tag vorbeikommen konnte. Ich bereitete mich darauf vor, die letzten 24 Stunden ihres Lebens mit Gracie zu verbringen und raste zum Supermarkt, wo ich das größte Steak kaufte, das ich finden konnte – fast vier Zentimeter dick, so groß, dass es schon fast idiotisch war. Trotz der Probleme, die wir gehabt hatten, Gracie in ihrem ersten Lebensjahr zu füttern, und so krank sie jetzt auch war, sie hatte ihren Appetit nicht verloren, und ich war wild entschlossen, ihr ein üppiges letztes Mahl zu kochen. Claire kam herein, um nachzusehen, was ich anstellte, und gleich darauf kamen Sarah und Dottie, aber sie versuchten alle drei nicht, etwas zu essen zu bekommen. Sie schienen zu spüren, dass es für Gracie war, nicht für sie. Und das schien ihnen nichts auszumachen.

Während ich das Steak briet, dachte ich an die guten Zeiten, die wir zusammen verbracht hatten. An die

Abenteuer, die Mühsal und die Freuden. Ich dachte daran, wie viel sie mir über Glauben, Mitgefühl und Güte beigebracht hatte. Beim Kochen rannen mir Tränen die Wangen hinunter. Sarah und Dottie saßen ganz ruhig neben mir.

Gracie schien ihr Abendessen zu genießen. Sie aß fast die Hälfte des Steaks, immer noch eine Riesenportion. Den Rest wickelte ich ein, falls sie es zum Frühstück wollte. Als Mark an dem Abend nach Hause kam, trugen wir sie zusammen nach draußen, damit sie sich ein letztes Mal erleichtern konnte. Unseren letzten gemeinsamen Abend verbrachten wir beide auf der Terrasse und atmeten die klare Nachtluft ein.

Der nächste Morgen hätte für einen Abschied nicht passender sein können. Es war ein grauer, nieseliger, kalter Tag, und es blieb den ganzen Vormittag dunkel und kühl. Im Haus herrschte eine bemerkenswerte Stille. Der Fernseher lief nicht, kein Radio war an, keine Musik, kein Bellen ... nur die kleinen Geräusche von Bewegungen. Sarah und Dottie hielten sich an Mark, der ein tosendes Feuer im Kamin schürte, und Claire klebte an Gracie, deren Lager wir vor den Kamin gezogen hatten.

Nach ihrem deftigen Frühstück wechselten wir uns damit ab, uns neben sie zu legen und sie zu streicheln. Sarah und Dottie umkreisten ihr Lager wie patrouillierende Soldaten. Claire lag neben ihr und bewegte sich kaum, ihre Lieblingsschlange zwischen ihren kleinen Kiefern, und starrte Gracie einfach nur an. Mark und ich wanderten abwechselnd durchs Haus. Wir sprachen kaum. Gracie atmete schwer und langsam, als strenge sie jeder Atemzug an.

Ich wollte, dass sie keinen Schmerz mehr spürte, aber zugleich konnte ich mich nicht verabschieden. Immer wieder sah ich auf die Uhr. Schließlich, um 5 Minuten vor 1, fuhr Dr. Franklins Van vor. Nachdem er zum Stehen gekommen war, blieb er eine Weile in seinem Auto sitzen, wahrscheinlich bereitete er sich auf das vor, was er zu tun hatte. Als er die Seitentür des Vans aufschob und seinen schwarzen Arztkoffer hervorzog, spürte ich eine Welle der Dankbarkeit, dass er so zu Gracies Zuhause kam. Und dann überkam mich eine andere mächtige Welle, aber diesmal war es Verärgerung – ich hatte den Drang, die Tür zu öffnen und ihm zu sagen: »Gehen Sie weg! Das war alles nur ein Versehen!«

Aber es war kein Versehen. Die Zeit war gekommen, um Gracie zu erlösen, sie von dem hilflosen Körper zu befreien, der ihren sprühenden Geist beengte. Ihren Hundegeist. Immer hatte das Gewicht der Welt auf ihrer gerunzelten Doggenstirn gelastet. Und sie war schon immer eine alte Seele gewesen, die auf die Erde gekommen zu sein schien, um hier ihren Zauber auszuüben. Sie hatte alles gegeben, was sie zu geben hatte. Nun war die Zeit gekommen, wo sie uns verlassen sollte.

Mark führte Sarah, Dottie und Claire in die Küche. Ich weiß nicht, was ich mir dabei dachte, aber ich ging zur Anlage und legte eine CD mit gregorianischen Gesängen auf. Vielleicht dachte ich mir, wenn diese singenden Mönche den Raum mit ihren altehrwürdigen Liedern beseelten, wäre Gott näher bei uns.

Dr. Franklin kam ins Haus, nickte Mark und mir zu und ging neben Gracies Lager auf die Knie. Mark und ich machten unsere tapfersten Gesichter, als wir uns neben Gracie knieten und sie streichelten.

Er ließ sich Zeit. Er sprach leise über Gracie und wie viel Spaß es ihm gemacht habe, ihr Tierarzt zu sein. Er erinnerte uns daran, was für ein wunderbarer Hund sie war, und was für ein außergewöhnliches Leben sie geführt habe. Dann erklärte er behutsam sein Vorgehen und betonte, dass Gracie keine Schmerzen haben würde – sie würde einfach friedlich einschlafen.

Draußen verdunkelte sich der Himmel um eine Nuance. Nach ein paar weiteren Minuten, in denen Gracie ausgestreckt dalag, ihren Kopf geborgen auf meinem Schoß, waren wir so weit. Als Dr. Franklin die Spritze vorbereitete, prasselte und knackte das Feuer, und die Mönche steigerten sich zu einem dramatischen Crescendo. Mark und mir stürzten die Tränen in Bächen herunter, als wir zusahen, wie die Nadel verschwand, aber Gracie zuckte noch nicht einmal zusammen. Sie blieb ruhig und entspannt, während wir sie mit der ganzen Liebe der Welt in jeder unserer Bewegungen weiter streichelten. Und dann starb sie.

Dr. Franklin wartete ein paar Augenblicke, dann packte er leise seine Instrumente ein. Mark brachte ihn an die Tür und dankte ihm, dann kam er zu Gracie zurück und streichelte sie weiter. Wir sagten beide kein Wort.

Nach ein paar Minuten führte Mark Sarah, Dottie und Claire aus der Küche, damit sie sich verabschieden konnten. Sie näherten sich Gracie auch sofort und beschnupperten sie. Dann tat die zurückhaltende Sarah, die königliche Sarah, etwas Außergewöhnliches: Sie leckte liebevoll über Gracies geschlossene Augen. Dottie legte sich neben Gracie, ihren Kopf zwischen die Pfoten. Und Claire schleppte ihre kleine wuschelige Schlange hinüber und gab Gracies Nase einen Stubs, aber nur einen. Als Gracie nicht reagierte, wich Claire ein paar Zentimeter zurück, sah sie dabei an und ließ einen langen Klagelaut hören.

Ich vergrub mein Gesicht ein letztes Mal in Gracies weichem, warmem Fell und flüsterte: »Gute Nacht, Gracie.«

Epilog

Gracie ist vor ein paar Monaten gestorben, und jeden Tag gibt es mindestens eine Stunde, in der mir der Verlust unerträglich vorkommt. Ich sehe mich in der Firma um, die wir aufgebaut haben, wir alle, und frage mich, wie so viel aus dem einfachen Akt der Liebe entstehen kann. Sentimentale Gesten sind mir immer wie ein Ersatz für das wirkliche Leben vorgekommen, aber seit Gracie nicht mehr bei uns ist, habe ich ihr Halsband und ihre Leine am Bettpfosten aufgehängt. Jede Nacht sage ich ein kleines Gebet, von dem ich hoffe, dass es sie in ihrem neuen Zuhause erreicht.

Ich glaube nicht mehr an Geister, aber manchmal weiß ich, dass sie hier bei mir ist. Sonderbarerweise habe ich den Eindruck, dass Claire das auch spürt. Wenn wir auf der Terrasse sitzen oder an Gracies Grab stehen, geht manchmal ein leichter Wind, der sich anhört wie das sanfte Geräusch ihres gleichmäßigen tiefen Atems. Sarah und Dottie halten mich am Laufen. Sie scheinen zu begreifen, dass ich besondere Hundeaufmerksamkeit von ihnen brauche.

In der Woche, in der Gracie gestorben ist, ist Claire jeden Tag bei mir ins Bett geklettert oder hat sich am Feuer an mich angekuschelt. Wahrscheinlich hat sie auf ihre Art versucht, mir meinen Kummer etwas zu erleichtern. Ich sehe Claire jeden Tag und wundere mich, wie unglaublich ähnlich sie Gracie ist und wie unglaublich anders. Sie hat so eine Art mit Leuten, wenn sie sie ableckt, dass die Leute sich bei ihr gleich wohl fühlen, die genau wie die von Gracie ist, aber sie hat auch eine Art, meine Schuhe zu verstecken oder Schmetterlinge zu jagen, die ganz die ihre ist.

Vor ein paar Tagen sah ich Sarah und Dottie mit Claire spielen, und obwohl ich natürlich wusste, dass sie nicht Gracie ist, verschob sich für einen Moment die zeitliche Ebene, und ich meinte, Gracie wieder lebendig vor mir stehen zu sehen. Sie zeigte sich in ihrem ganzen großen Wesen, mit ihrem schnell wachsenden Körper, ihren flappenden Ohren über den Augen, ihrem wie ein hydraulischer Scheibenwischer hin und herpeitschenden Schwanz, und sie stolperte über ihre Riesenpfoten in dem Versuch, mit ihren Schwestern Schritt zu halten. Dann hielt sie mitten in der Bewegung inne, und neigte ihren Kopf, als wolle sie sagen: *Hey, Dan! Willst du denn nicht mitspielen?*

Als der Moment vorüber war, sah ich, dass Sarah und Dottie inzwischen viel älter und langsamer geworden sind, aber auch sanfter und geduldiger – sie verbringen ihre Zeit damit, die Lücken zu füllen, die Gracie möglicherweise noch in Claires Erziehung zurückgelassen hat. Und plötzlich sehe ich auch mich selbst. Hier stehe ich auf meinem eigenen Land, der Co-Gründer einer aufregenden Firma, die mir sehr am Herzen liegt. Endlich begreife ich die grenzenlosen Möglichkeiten und Freuden meines Lebens und lebe sie aus. Wenn ich so zurückdenke, dann wird mir bewusst, dass ich nichts verloren habe, dass ich alles habe, was ich brauche, und immer alles haben werde.

Es ist wie ein Wunder: Früher dachte ich immer, ich hätte Gracie gerettet. Aber jetzt weiß ich, dass es schon immer Gracie gewesen ist, die mich gerettet hat.

Dieses Buch wäre ohne das Vorstellungsvermögen und die großzügige Unterstützung der folgenden Menschen wohl nie realisiert worden:

Tanya McKinnon, unsere Agentin bei Mary Evans Inc., die vom ersten Moment an uns und unser Projekt geglaubt hat. Ihre außerordentlichen Fähigkeiten als Agentin wurden nur von Ihrer Art, immer mehr zu geben, als sie uns versprochen hatte, übertroffen. Wir danken den Göttern (oder waren's die Hunde), die uns zu ihr geführt haben.

Richard Simon, unserem Freund und einem außergewöhnlichen Schriftsteller. Stellen Sie sich 100 Tonnen Schreibtalent in einen unauffälligen, witzigen gebürtigen New Yorker gequetscht vor. Seinem Sprachtalent hat dieses Buch viel zu verdanken. Mit Richard zusammenzuarbeiten war ein Traum, und sein Beitrag zu *Ein Hund namens Gracie* ist unermesslich.

Ruth Sullivan – wahrhaftig eine Lektorin für Autoren. Ruths intelligentes und nachdenkliches Lektorat sorgte für einen doggengroßen Unterschied im Erzählen von Gracies Geschichte. Danke, Ruth – du bist die Beste. Und einen warmen Pfotendruck all den anderen im Wurf bei Workman Publishing – Rosie, Meghan, Elaine – dafür, dass sie das Projekt vorangetrieben haben, und vor allem an Peter Workman, der sich Gracies Geschichte von Beginn an angenommen hat.